Wissenschaftliche Beiträge aus dem Tectum Verlag

Reihe Sozialwissenschaften

Wissenschaftliche Beiträge aus dem Tectum Verlag

Reihe Sozialwissenschaften

Band 40

Melanie Steinwand

Kriminalität von Migranten in Deutschland

Eine kritische Betrachtung der Polizeilichen Kriminalstatistik

Tectum Verlag

Melanie Steinwand

Kriminalität von Migranten in Deutschland.
Eine kritische Betrachtung der Polizeilichen Kriminalstatistik
Wissenschaftliche Beiträge aus dem Tectum Verlag:
Reihe: Sozialwissenschaften; Bd. 40
ISBN: 978-3-8288-2501-7
ISSN: 1861-8049
Umschlagabbildung: © Sebastian Winkler
Umschlaggestaltung: Norman Rinkenberger | Tectum Verlag

Besuchen Sie uns im Internet
www.tectum-verlag.de

Bibliografische Informationen der Deutschen Nationalbibliothek
Die Deutsche Nationalbibliothek verzeichnet diese Publikation in der Deutschen Nationalbibliografie; detaillierte bibliografische Angaben sind im Internet über http://dnb.ddb.de abrufbar.

Inhaltsverzeichnis

Tabellenverzeichnis

Abbildungsverzeichnis

Abkürzungsverzeichnis

Abb................................Abbildung

Abs................................Absatz

et al................................et alii

ALLBUS........................Allgemeine Bevölkerungsumfrage der Sozialwissenschaften

AO.................................Abgabenordnung

Art.................................Artikel

AZR................................Ausländerzentralregister

BAMF.............................Bundesamt für Migration und Flüchtlinge

BewHi............................Bewährungshilfe

BMI................................Bundesministerium des Innern

BMJ................................Bundesministerium der Justiz

BRD................................Bundesrepublik Deutschland

BKA................................Bundeskriminalamt

BVFG..............................Gesetz über die Angelegenheiten der Vertriebenen und Flüchtlinge

bzw................................beziehungsweise

DDR...............................Deutsche Demokratische Republik

DM.................................Deutsche Mark

DVJJ...............................Deutsche Vereinigung für Jugendgerichte und Jugendgerichtshilfen

ebd................................ebenda

EG..................................Europäische Gemeinschaft

erschw...........................erschwerende

EWG...............................Europäische Wirtschaftsgemeinschaft

EU..................................Europäische Union

f......................................folgende

ff....................................fortfolgende

Fn..................................Fußnote

gef.............................. gefährliche
GFK................................Genfer Flüchtlingskonvention
gg...................................gegen
Hg..................................Herausgeber
insg................................insgesamt
Ital.................................Italienisch
Jg...................................Jahrgang
Jugosl.............................Jugoslawien
KFG................................Kriminologische Forschungsgruppe
KFN................................Kriminologisches Forschungsinstitut Niedersachsen
KV..................................Körperverletzung
KZfSS.............................Kölner Zeitschrift für Soziologie und Sozialpsychologie
m.a.W.............................mit anderen Worten
mind...............................mindestens
MschrKrim....................Monatsschrift für Kriminologie und Strafrechtsreform
Nr...................................Nummer
o......................................oder
PKS.................................Polizeiliche Kriminalstatistik
pol...................................polizeilich
Poln.................................Polnisch
räub.................................räuberisch
Rn...................................Randnummer
Russ.................................Russisch
s......................................siehe
S......................................Seite
schw...............................schwere
sog..................................so genannte
StAG...............................Staatsangehörigkeitsgesetz

StGB................................Strafgesetzbuch
StPO................................Strafprozessordnung
StVG................................Straßenverkehrsgesetz
Tab...................................Tabelle
TV....................................Tatverdächtige
TVBZ...............................Tatverdächtigenbelastungszahl
u.......................................und
UdSSR............................Union der Sozialistischen Sowjetrepubliken
usw..................................und so weiter
vgl....................................vergleiche
Vol...................................Volume
vors.................................vorsätzlich
z.B...................................zum Beispiel
zit....................................zitiert

„Viele Menschen haben eine Abneigung gegen Statistik. Sie erinnert sie zu sehr daran, wie sie sich in der Kindheit mit abstrakten Zahlen herumgequält haben. Statistiken sind nicht leicht zu lesen. Man begegnet ihnen häufig mit Mißtrauen; wobei sich möglicherweise zu dem Mißtrauen noch die Furcht gesellt, von denjenigen an der Nase herumgeführt zu werden, die Statistiken vorlegen. Nachdem sie beobachtet haben, wie dieselben statistischen Daten zur Untermauerung gegensätzlicher Ansichten herangezogen wurden, glauben manche beinahe, daß jede Statistik Lug und Trug ist, lediglich dazu ersonnen, den Unbedachten in Fallen tapsen zu lassen. Gleichzeitig jedoch lassen einige Überbleibsel vergangenen Aberglaubens an magische Eigenschaften der Zahlen manche mit einer gewissen ehrfürchtigen Scheu statistische Tabellen betrachten. Das ist besonders dann der Fall, wenn die Ergebnisse zwei oder mehr Stellen nach dem Komma aufweisen, was den Anschein von Genauigkeit und Endgültigkeit erweckt."[1]

Thorsten Sellin

1 Sellin (1979): Die Bedeutung von Kriminalitätsstatistiken, S. 41.

A. Einleitung

Im Sinne Durkheims ist Kriminalität ein normales Phänomen: *„Es gibt keine Erscheinung, die unwiderleglicher alle Symptome der Normalität aufweist."*[2] Durkheim weist darauf hin, dass Kriminalität fester Bestandteil von Gesellschaften ist: *„Es gibt keine Gesellschaft, in der keine Kriminalität existierte."*[3] Insoweit müsste also Kriminalität in Gesellschaften nicht problematisiert werden, da sie zum Leben in der Gesellschaft dazu gehört und fester, notwendiger Bestandteil des Zusammenlebens ist. Durkheim fügt aber hinzu, dass Situationen auftreten können, in welchen auch das Verbrechen abnormale Formen annimmt. Das ist der Fall, wenn es in erhöhter Menge auftritt: *„Dann ist in der Tat nicht zu bezweifeln, daß dieses Übermaß krankhaft ist."*[4] Der pathologische Charakter des Verbrechens entsteht also durch das überhöhte Maß, nicht durch das Verbrechen an sich. Die Möglichkeiten der Statistik erlauben es, „die Entwicklung der Kriminalität zu verfolgen."[5]

Es ist genau dieser pathologische Charakter, welcher der Kriminalität durch Migranten immer wieder zugeschrieben wird. Zwar existiere auch Kriminalität, die durch Inländer begangen wird, jedoch sei das Ausmaß der Kriminalität, die durch Migranten begangen wird, eindeutig zu hoch. Ihr Anteil an der gesamten begangenen Kriminalität übersteige deutlich ihren Anteil an der Gesamtbevölkerung. Dies entspreche nicht mehr dem normalen, zu erwartenden Maß an Kriminalität, so das Bild, das von Politikern und Medien häufig suggeriert wird.[6] Diese Behauptung und andere werden im Wesentlichen durch die Daten der Polizeilichen Kriminalstatistik belegt. Untermauert wird die Annahme durch das regelrechte Ausschlachten der Straftaten mit Beteiligung von Migranten in den Medien. So ist Kriminalität von Migranten besonders dann ein Thema in der Öffentlichkeit, wenn ein besonders spektakulärer Fall für Aufsehen gesorgt hat. Dafür war der Fall „Mehmet"[7] vor einigen Jahren ein gutes Beispiel. Ein aktueller Fall ist derjenige der beiden jugendlichen

2 Durkheim (1979): Kriminalität als normales Phänomen, S. 3.

3 ebd.

4 ebd., S. 4.

5 ebd., S. 3.

6 s. z.B. Truscheit (2008): Werden junge Ausländer öfter straffällig?.

7 Der unter dem Pseudonym „Mehmet" bekannt gewordene, 1984 geborene Sohn in München lebender türkischer Eltern war bis 1998 mit mehr als 60 Straftaten registriert worden. Er wurde, obwohl die Eltern rechtmäßig in Deutschland lebten, als Kind in die Türkei abgeschoben.

bzw. heranwachsenden Täter türkischer und griechischer Herkunft, die als die „Münchner U-Bahn-Schläger" bekannt geworden sind. Ende des Jahres 2007 prügelten und traten sie einen Rentner in der Münchner U-Bahn fast zu Tode. Die Brutalität dieser Tat sorgte für Aufsehen, „der Fall schreckte ganz Deutschland auf"[8]. Der Aufschrei war um so größer, als sich herausstellte, dass die Täter nicht etwa deutscher, sondern ausländischer Herkunft waren. Wieder einmal galt es als erwiesen, dass insbesondere die Gewaltkriminalität junger Migranten ein immer größeres Problem darstelle, das durch eine Verschärfung des Jugendstrafrechts behoben werden müsse.

> „Dass die Jugendkriminalität seit den neunziger Jahren stark gestiegen ist und die Intensität der Gewalttaten erheblich zugenommen hat, zumal dann, wenn Migrantenjugendliche als Täter in Erscheinung treten, scheint zum gesicherten Bestand medialen und kriminalpolitischen Wissens zu gehören. Es bildet die wesentliche empirische Grundlage für nun schon seit Jahren geforderte und beantragte Verschärfungen des Jugendstrafrechts."[9]

So wird sofort die Ausweisung als härtestes Mittel der Strafe gegen Ausländer gefordert oder, da diese Möglichkeit für Personen mit Unionsbürgerschaft nicht besteht, das Anheben der Höchststrafe für derartige Gewaltverbrechen von 10 auf 15 Jahre.[10]

Die Folge solcher Fälle und Darstellungen schlägt sich in den Einstellungen der Bevölkerung nieder. In Anbetracht des zitierten Falls der U-Bahn-Schläger von München beginnt die „Bild"-Zeitung ein Interview mit Roland Koch mit der Frage, ob man als Deutscher im eigenen Land überhaupt noch sicher sei.[11] Diese Frage steht stellvertretend für ein in der Bevölkerung verbreitetes Bild: Kriminalität wird immer mehr, immer schlimmer und nimmt immer gewalttätigere Ausmaße an, Kriminalitätsphänomene werden überschätzt.[12] Das Unsicherheitsgefühl in der Bevölkerung ist groß, Kriminalitätsangst vorhanden, und zwar nahezu unabhängig von der tatsächlichen Bedrohung.[13] Es sind im Wesentlichen nicht unmittelbar die offiziellen Statistiken und noch weniger wissenschaftli-

8 http://www.spiegel.de/panorama/justiz/0,1518,561492,00.html [20.10.2008].

9 Boers et al. (2006): Jugendkriminalität – Keine Zunahme im Dunkelfeld, kaum Unterschiede zwischen Einheimischen und Migranten, S. 63.

10 So der bayerische Innenminister Joachim Hermann in Bezug auf den griechischen „U-Bahn-Schläger", vgl. http://www.stern.de/politik/panorama/:M%FCnchen-U-Bahn-Schl%E4ger-Reue/606305.html [20.10.2008].

11 vgl. http://www.bild.de/BILD/news/politik/2007/12/28/koch-roland/interview-deutschland-faust.html [20.10.2008].

12 s. Schwind (2006): Kriminologie, S. 285, § 14 Rn. 11 und S. 411, § 20 Rn. 24.

che Studien zu Kriminalität, die das Bild über Kriminalität in der Bevölkerung prägen, sondern die Art, wie deren Daten und Ergebnisse interpretiert und vermittelt werden. Hinzu kommt, dass von den Medien aufgebauschte Fälle nicht nur in der Bevölkerung entsprechend aufgenommen, sondern auch von der Politik bzw. von Politikern instrumentalisiert werden. So lässt Roland Koch nach dem U-Bahn-Schläger-Fall in besagtem Interview mit der „Bild"-Zeitung verlauten, es gebe zu viele kriminelle junge Ausländer und niemand dürfe sich hinter seinem „Migrations-Status"[14] verschanzen. Für Gruppen, die bewusst als ethnische Minderheiten Gewalt ausübten, sei zu lange ein „seltsames soziologisches Verständnis"[15] aufgebracht worden. Die Frage von „Bild" zielte hier auf die eben schon erwähnte vermeintliche Tatsache ab, dass der Anteil jugendlicher Ausländer an Gewaltkriminalität in den Statistiken deutlich höher sei als ihr Anteil an der Gesamtbevölkerung. Derartige Aussagen verstärken das Gefühl, dass Kriminalität durch Migranten ein unterschätztes Problem darstelle, dem beizukommen die Politik in den letzten Jahren nicht im Stande gewesen sei. Es wird der Eindruck vermittelt, dass härter durchgegriffen werden müsse, da die Kriminalität von Migranten als ernstzunehmende Bedrohung zu betrachten sei.

Angesichts dieser immer wieder auftauchenden pauschalisierenden Aussagen über „die kriminellen Migranten" stellt sich die Frage, wer denn „die Migranten" überhaupt sind und ob denn die Polizeiliche Kriminalstatistik, die in den meisten Fällen als Grundlage für Diskussionen über Kriminalität herangezogen wird, tatsächlich als Basis dienen kann.

In der Polizeilichen Kriminalstatistik (PKS) wird weder der Begriff „Ausländer", noch der Begriff „Migrant" verwendet. Ist in Öffentlichkeit, Politik und Medien von Kriminalität der Migranten oder auch Personen mit Migrationshintergrund die Rede und werden Daten der PKS verwendet, so wird dort auf die Kategorie „Nichtdeutsche" zurückgegriffen. Es gilt nun zu klären, wer sich erstens hinter den Begriffen „Ausländer", „Migrant" oder „Person mit Migrationshintergrund" verbirgt und wer zweitens hinter dem Begriff „Nichtdeutsche". Die Kategorien sind nicht deckungsgleich und werden trotzdem häufig so verwendet, als wären sie es. Es wird sich herausstellen, dass es nicht „die Ausländer" oder „die Migranten" sind, die nach der PKS auffällig sind, sondern, wenn über-

13 vgl. Bock (2007): Kriminologie, S. 274, § 16 Rn. 796; s. auch BMI/BMJ (2006): Zweiter periodischer Sicherheitsbericht, S. 485.

14 http://www.bild.de/BILD/news/politik/2007/12/28/koch-roland/interview-deutschland-faust.html [20.10.08]

15 ebd.

haupt, bestimmte Gruppen. Diese Gruppen ergeben sich zum Beispiel aus unterschiedlichen Migrationszeitpunkten, unterschiedlichen Migrationsmotiven und völlig unterschiedlichen Lebenssituationen in Deutschland. Die Migrationsgruppen und die Migrationssituation in Deutschland im Allgemeinen zu kennen, ist unverzichtbar, um über Kriminalität von Migranten sprechen zu können. Es ist notwendig, sich der Lebensumstände der einzelnen Migrantengruppen bewusst zu sein und über die Umstände der Migration und der Situation der Migranten in Deutschland Bescheid zu wissen. Dazu dient Teil I, Migration, dieser Arbeit. Nicht nur einige Daten und Fakten, sondern auch migrationssoziologische Theorien und Erwägungen sollen zur Charakterisierung der einzelnen Gruppen beitragen. Auf diese Weise sind notwendige Differenzierungen in Bezug auf Kriminalität von Migranten erst möglich und sinnvoll. Nicht mehr die Kriminalität von „Ausländern" ist dann zentral, sondern z.B. die Kriminalität von Gastarbeitern, die Kriminalität von Migranten der zweiten und dritten Generation, die Kriminalität von Aussiedlern, die überhaupt keine Ausländer oder Nichtdeutsche sind, oder auch die Kriminalität von Illegalen. Für jede dieser Gruppen ergeben sich unterschiedliche Lebensvoraussetzungen und -situationen, die es zu berücksichtigen gilt, wenn über Kriminalität diskutiert werden soll.

Wie bei allen Statistiken spielt auch bei der PKS die Interpretation der vorliegenden Daten eine wichtige Rolle. Hierzu bedarf es einer genauen Analyse. Häufig werden jedoch weder die Entwicklung der Kriminalitätsraten noch die genauen aktuellen Zahlen detailliert analysiert. Es kommt zu Pauschalisierungen und verkürzten Aussagen über Kriminalität insgesamt, über Kriminalitätsentwicklungen und Kriminalität von bestimmten Bevölkerungsgruppen. Dabei bietet die PKS eine Fülle von Informationen, die bei genauer Betrachtung durchaus differenzierte Aussagen zulassen, auch über die Kriminalität von „Nichtdeutschen". Differenzierte Erkenntnisse über Kriminalität von Nichtdeutschen in der PKS werden in Teil II, Die Kriminalität von Nichtdeutschen nach der PKS, dargelegt.

Dennoch birgt die PKS, wie alle Statistiken, eine Reihe von Problemen. Zum Teil wird auf diese Probleme auch in der PKS selbst hingewiesen, sie bleiben in politischen und öffentlichen Diskussionen aber trotzdem meistens unberücksichtigt:

> „Obwohl in der wissenschaftlichen Diskussion seit Jahrzehnten [...] immer wieder betont wird, daß die Polizeiliche Kriminalstatistik kaum als eine valide Datenbasis zur Ermittlung der Quantität kriminellen Verhaltens erachtet werden kann, werden sowohl in der kriminalpolitischen Diskussion als auch in der öffentlichen

> Debatte und der Medienberichterstattung alljährlich nach Erscheinen der PKS und der dort ausgewiesenen Zahlen Aussagen über die Kriminalitätsentwicklung abgeleitet."[16]

Manche dieser Schwierigkeiten lassen sich durch einfache Berechnungen lösen, andere hingegen sind komplexerer Natur. In der Literatur wird meistens auf die möglichen Verzerrungsfaktoren in aller Kürze hingewiesen.[17] Eine genaue, intensive Auseinandersetzung mit den Problemen findet jedoch nicht in der Gesamtheit statt, sodass deren Auswirkungen auf das Bild der Kriminalität von Migranten unklar bleiben. Die meisten der einzelnen Fragen bezüglich der verzerrten Darstellung von Kriminalität durch Migranten wurden in vielen verschiedenen Studien untersucht. In Teil III, Probleme der PKS in Bezug auf Kriminalität von Migranten, werden unter Berücksichtigung verschiedener Forschungsergebnisse die Probleme der PKS bezüglich Kriminalität von Migranten ausführlich dargestellt. Außerdem wird dargelegt, welche Auswirkungen sie auf die Interpretation der Daten haben.

Das Ziel dieser Arbeit kann nicht sein, eine eindeutige, „richtige" Aussage zur Kriminalität von Migranten zu liefern. Sie soll aber dazu dienen, die pauschale Behauptung des „kriminellen Migranten" in mehrfacher Hinsicht zu differenzieren und zu relativieren. Eine Differenzierung erfolgt dahingehend, dass durch die Erläuterung der Migrationssituation und der Situation von Migranten in Deutschland verschiedene Gruppen gesellschaftlich eingeordnet und im Hinblick auf Kriminalität unterschieden werden können. Auf Grundlage dieser Informationen werden die Daten der PKS analysiert und herausgearbeitet, welche Aussagen sich zur Kriminalität von „Nichtdeutschen" machen lassen. Die dadurch gewonnenen Erkenntnisse dienen als Basis für die Erläuterung der Probleme der PKS. Wo die Möglichkeit besteht, werden die Verzerrungen durch zusätzliche Informationen oder statistische Berechnungen und Bereinigung wenn nicht behoben, so doch abgeschwächt. Der abschließenden Zusammenfassung folgt eine Bewertung der Ergebnisse mit einigen allgemeinen kritischen Anmerkungen zur Diskussion um Kriminalität von Migranten und zur Kriminalität von Nichtdeutschen in der PKS (Teil IV). So soll ein abgerundetes Bild über die Kriminalität von Migranten und die Schwierigkeiten der Erfassung entstehen. Dieses wird zwar immer noch keine eindeutige Aussage zur Kriminalität von Migranten zulassen, aber neue Erkenntnisse berücksichtigen und für verschiedene

16 Mansel/Hurrelmann (1998): Aggressives und delinquentes Verhalten Jugendlicher im Zeitvergleich, S. 80.

17 s. z.B. Schwind (2006): Kriminologie, S. 471, § 23 Rn. 4ff.

kritische Punkte sensibilisieren. Die aufgeworfenen Fragen, dazugehörige Studien und Forschungsergebnisse sowie deren Bewertungen sollen als Ausgangspunkt für eine eigene Beurteilung der Kriminalität von Migranten dienen.

B. Hauptteil

I. Migration

1. Migration aus soziologischer Perspektive

1.1. Begriffsbestimmung

Der Begriff „Migration" geht auf das lateinische Verb *migrare* zurück, welches „wandern" oder „wegziehen" bedeutet. Im Wörterbuch der Soziologie von Hillmann gilt der Begriff Migration als „Bezeichnung für Prozesse regionaler Mobilität innerhalb einer Gesellschaft (interne Mobilität) oder zwischen verschiedenen Gesellschaften und ihren geographischen und kulturellen ‚Lebensbereichen' (internationale Mobilität)"[18]. Als zusätzliche Differenzierung wird innerhalb der Migration zwischen Binnen-, Ein- und Auswanderung unterschieden, zwischen freiwilliger und erzwungener Migration sowie zwischen zeitlich begrenzter und dauernder Migration.[19]

Auch für Hoffmann-Nowotny sind die genannten Kriterien die ausschlaggebenden zur genauen Definition von Migration und zur Abgrenzung von verschiedenen Migrationsformen. Er spricht allerdings nicht von Mobilität zwischen Gesellschaften, sondern von einem Wechsel von Personen oder Personengruppen von einem System in ein anderes. Bei sozialer Mobilität ist das System sozial bestimmt, bei der Migration hingegen ist es räumlich bestimmt. Neben dem Grenzkriterium (intern versus international), dem zeitlichen (temporär versus permanent) und dem der Freiwilligkeit bzw. Unfreiwilligkeit, sieht er als weitere wichtige Aspekte zur Differenzierung von Migration die Distanz sowie die Individualität von Mobilität. Aufgrund dieser Faktoren unterscheidet er sechs verschiedene Arten von Migration: die Etappenmigration, bei der die Wanderung nicht am Stück, sondern mit Unterbrechungen vorgenommen wird, die Kettenmigration, bei der ein Individuum oder wenige einzelne Individuen die Migration beginnen und weitere Personen nachfolgen, die Familiennachzugsmigration, bei der zunächst junge Männer migrieren und dann die Familien nachfolgen, die Heiratsmigration, bei der junge, ledige Migranten eine Frau aus ihrem Herkunftsland heiraten,

18 Hillmann (2007): Wörterbuch der Soziologie, s.v. *Migration*.

19 vgl. ebd.

die zu diesem Zweck nachzieht, sowie die Asylmigration, die für solche Personen zutreffend ist, die nicht als Flüchtlinge im Sinne der Genfer Flüchtlingskonvention gelten, aber unter Umständen dennoch Asylrecht genießen, sowie die Einwanderung von Flüchtlingen.[20]

Einen anderen Weg der Beschreibung wählt Oswald, indem sie auf eine Verlagerung des Lebensmittelpunktes einer Person abstellt, unter welchem sie zumindest einige oder alle wichtigen Lebensbereiche, wie Familie, Wohnung, Arbeit, oder ein soziales Netzwerk, versteht. Somit sind also für die Bestimmung des Lebensmittelpunktes nicht allein rechtliche und geographische Kriterien ausschlaggebend. Die Verlagerung des Lebensmittelpunktes bestimmt die Autorin genauer anhand der drei Dimensionen Ortswechsel, Veränderung des sozialen Beziehungsgeflechts und Grenzerfahrung. Dabei ist die Grenzerfahrung nicht etwa mit dem Überschreiten einer Nationalstaatsgrenze gleichzusetzen, denn eine Grenzerfahrung liege auch vor, wenn sie anderer räumlicher oder nichträumlicher Natur sei, wie etwa bei Überschreitung von Sprach- oder Religionsgrenzen.[21]

Auch wenn die Definitionen in bestimmten Punkten voneinander abweichen oder die Gewichtung der verschiedenen Kriterien unterschiedlich gesetzt wird, so kann Migration doch generell unter räumlichen und zeitlichen Aspekten, bezüglich der Wanderungsentscheidung oder Wanderungsursache und im Hinblick auf den Umfang der Wanderung differenziert werden. Anhand dieser Typologie kann das Phänomen Migration genau beschrieben werden als interne oder internationale, temporäre oder permanente, freiwillige oder erzwungene, Einzel-, Gruppen- oder Massenwanderung.[22]

Bei der statistischen Erfassung von Migration bereitet vor allem der zeitliche Aspekt mitunter Schwierigkeiten. Das Bundesamt für Migration und Flüchtlinge sieht Migration als Verlegung des Lebensmittelpunktes einer Person[23], was eine gewisse Dauerhaftigkeit impliziert. Auch gemäß der EG-Verordnung über Gemeinschaftsstatistiken zu Migration und internationalem Schutz ist

> „‚Zuwanderung' die Handlung, durch die eine Person ihren üblichen Aufenthaltsort für einen Zeitraum von mindestens zwölf Monaten bzw. von voraussichtlich mindestens zwölf Monaten in

20 vgl. Hoffmann-Nowotny (1994): Migrationssoziologie, S. 391.

21 vgl. Oswald (2007): Migrationssoziologie, S. 13ff.

22 vgl. Treibel (1999): Migration in modernen Gesellschaften, S. 20.

23 vgl. Bundesministerium des Innern (Hg., 2007): Migrationsbericht des Bundesamtes für Migration und Flüchtlinge im Auftrag der Bundesregierung, S. 12.

das Hoheitsgebiet eines Mitgliedsstaats verlegt, nachdem sie zuvor ihren üblichen Aufenthaltsort in einem anderen Mitgliedsstaat oder einem Drittstaat hatte."[24]

Allerdings werden in den Statistiken zur Migration all diejenigen Migranten erfasst, die sich bei den Meldeämtern an- bzw. abmelden, was grundsätzlich nichts darüber aussagt, wie lange die angemeldeten Personen sich tatsächlich im Bundesgebiet aufhalten.[25]

Zur Migrationsbewegung eines bestimmten Landes gehören nicht nur die Zuzüge, sondern auch die Fortzüge von Ausländern, die in ihre Heimat zurückkehren oder auch von Personen, die das Land, deren Staatsangehörigkeit sie besitzen, verlassen. Im Rahmen dieser Arbeit ist jedoch lediglich die internationale Migration nach Deutschland relevant, sei sie erzwungen oder freiwillig, in Gruppen oder individuell.

1.2. Migrationssoziologische Theorien: Erklärungen und Gründe von Migration

Die im Folgenden vorgestellten theoretischen Erklärungsansätze dienen der genaueren Beschreibung von unterschiedlichen Migrantengruppen und geben Aufschluss über bestimmte Merkmale von Migranten.

1.2.1. Die Anfänge der Migrationssoziologie

Auch wenn Hoffmann-Nowotny den Beginn der eigentlichen Migrationssoziologie erst Anfang des 20. Jahrhunderts mit dem Werk „The Polish Peasant in Europe and America" von Thomas/Znaniecki[26] sieht[27], so kann neben den europäischen Klassikern der Soziologie vor allem Ravensteins Migrationsforschung[28] Ende des 19. Jahrhunderts als erster wichtiger Versuch gelten, Migration zu beschreiben und soziologisch zu begreifen. Anhand statistischen Materials wertet er die Migrationsbewegungen hauptsächlich in Großbritannien aus. Als Wanderungsgründe

24 Verordnung EG Nr. 862/2007 des Europäischen Parlaments und des Rates vom 11. Juli 2007 zu Gemeinschaftsstatistiken über Wanderung und internationalen Schutz und zur Aufhebung der Verordnung (EWG) Nr. 311/76 des Rates über die Erstellung von Statistiken über ausländische Arbeitnehmer, S. 24.

25 vgl. Bundesministerium des Innern (Hg., 2007): Migrationsbericht des Bundesamtes für Migration und Flüchtlinge im Auftrag der Bundesregierung, S. 13.

26 s. Thomas/Znaniecki (1918): The Polish Peasant in Europe and America: monograph of an immigrant group.

27 vgl. Hoffmann-Nowotny (1988): Paradigmen und Paradigmenwechsel in der sozialwissenschaftlichen Wanderungsforschung, S. 22.

28 vgl. Ravenstein (1889): The laws of Migration.

macht er ökonomische und politische Faktoren aus. Das Hauptziel von Migranten sei es, die materielle Situation zu verbessern.[29] Er zieht zur Beschreibung von Migration das Kriterium der Distanz heran, indem er unter *local migrants, long-journey migrants* und *short-journey migrants* unterscheidet. Ravenstein hält seine wesentlichen Feststellungen in Gesetzen fest, nach welchen seiner Meinung nach Migrationsbewegungen vonstatten gehen. Neben den Schlussfolgerungen, dass Migration eine graduelle Bewegung sei, die Mehrheit der Migranten *short-journey migrants* seien und Migration langfristig zu einem Anwachsen der Städte führen werde, prognostiziert er für die Zukunft, dass Migration durch bessere Infrastruktur und weiter entwickelte Fortbewegungsmöglichkeiten sowie durch die Industrialisierung zunehmen werde.[30]

Wie Ravenstein, so versucht auch Fairchild in den 1920er Jahren eine Typologisierung von Migration. Er ergänzt Ravensteins Modell um das Kriterium der Zivilisationsstufe und gelangt so zu einer Einteilung von Wanderung in *invasion, conquest, colonization* und *immigration*.[31] Als weiteres Kriterium bezieht er die Friedlichkeit von Wanderung mit ein. Immigration sei die aktuelle Form von Wanderung.[32] Außerdem betont er: „...in a true immigration movement both of the two states concerned are well established, and are on approximately the same stage of civilization"[33]. Als Gründe führt er außerdem ökonomische, politische, soziale und religiöse an, die nie allein ausschlaggebend seien, sondern fast immer im Zusammenspiel eine Migration bewirken würden.[34]

In den 50er Jahren legt Petersen eine Typologie der Wanderung vor, der kritische Anmerkungen gegenüber Fairchilds Typologisierungsversuchen vorangehen. Petersen hält die beiden Kriterien „kulturelle Niveauunterschiede" und „friedliche/nicht friedliche Wanderung" für ungeeignet: „...the two axes are not the best that could have been chosen"[35]. Er wirft Fairchild Ethnozentrismus vor und sieht außerdem große Schwierigkeiten darin, zu entscheiden, ob eine Wanderung friedlich ist oder nicht.[36] Außerdem kritisiert Petersen die Grundannahme Fairchilds und anderer, dass der Mensch von Natur aus so lange sesshaft sei, bis er dazu

29 vgl. Geis (2005): Migration in Deutschland, S. 17f.

30 vgl. Ravenstein (1889): The laws of Migration, S. 286ff.

31 Fairchild (1925): Immigration, S. 13ff.

32 vgl. ebd., S. 24.

33 ebd., S. 25.

34 vgl. ebd., S. 9ff.

35 Petersen (1958): A Typology of Migration, S. 257.

36 vgl. ebd.

veranlasst wird zu gehen. Statt dessen führt Petersen die grundlegende Unterscheidung zwischen konservativer und innovativer Migration ein:

> „Some persons migrate as a means of achieving the new. Let us term such migration innovating. Others migrate in response to a change in conditions, in order to retain what they have had; they move geographically in order to remain where they are in all other respects. Let us term such migration conservative."[37]

Anhand dieser Unterteilung und unter Einbeziehung des Bestrebens des Migranten unterscheidet Petersen fünf Arten von Migration: primitive, impelled, forced, free und mass migration. Primitive Migration entstehe, wenn der Mensch nicht mehr fähig ist, die Kräfte der Natur zu bewältigen, sie entstehe durch ökologischen Druck. Veranlasste (*impelled*) Migration werde durch Zwang eines Staates oder einer anderen sozialen Institution ausgelöst, wobei dem Individuum die Macht erhalten bleibe, selbst zu entscheiden, ob es das Land verlässt oder nicht. Bei der erzwungenen (*forced*) Migration hingegen müsse sich das Individuum dem Druck des Staates oder sonstiger Institutionen beugen. Bei der freien Migration sei der Wille des einzelnen Migranten entscheidend und bei der Massenmigration gehe meist eine Auswanderung von „Pionieren" voraus. Auswanderung wird zu einem „established pattern, an example of collective behaviour"[38]. Innerhalb dieser fünf Kategorien gibt es jeweils noch den konservativen und den innovativen Typus.

1.2.2. Makroökonomische Ansätze und Push-Pull-Modelle

Ab den 60er Jahren sind insbesondere makroökonomische Ansätze von Bedeutung, die im Wesentlichen unterschiedliche Lohnniveaus, aber auch Arbeitslosenquote, Lebenshaltungskosten usw. als Faktoren für Migration sehen. Es setzt sich aber die Erkenntnis durch, dass die Makrofaktoren manche Personen mehr beeinflussen als andere, beziehungsweise manche überhaupt nicht beeinflussen. Diesem Umstand versuchen die mikroökonomischen Ansätze, z.B. von Sjaastad[39], gerecht zu werden. Theorien dieser Art werden auch als Push- und Pull-Modelle zur Erklärung von Migration bezeichnet und basieren auf neoklassischen ökonomischen Überlegungen. Push-Faktoren sind negativ bewertete Bedingungen am Herkunftsort, die das Individuum dazu veranlassen, den Ort zu verlassen. Pull-Faktoren sind Bedingungen in den potenziellen Zielregionen, die von den migrationsbereiten Individuen als attraktiv

---

37 Petersen (1958): A Typology of Migration, S. 258.

38 ebd., S. 259ff.

39 s. Sjaastad (1962): The Costs and Returns of Human Migration.

und positiv bewertet werden. Push- und Pull-Modelle gelten als „Versuch, Wanderungen als Wirkung von verschiedenen strukturellen Größen zu verstehen, die entweder die Attraktivität der Herkunftsregion mindern oder die der potentiellen Zielregion steigern“[40]. Vertreter dieser Ansätze gehen von einem Individuum als *Homo Oeconomicus* aus, das nach Gewinnmaximierung strebt und diese durch rationale Entscheidungen und ökonomisches Handeln erreicht. So entscheidet es sich beim Vergleich zweier Länder für dasjenige, das ihm den größten Nettovorteil verschafft.[41] Es gilt die Grundannahme, dass die migrationswilligen Individuen rational abwägen und durch Migration ihre ökonomische Situation verbessern wollen.[42]

Treibel fasst die Push-Pull-Modelle in drei Hypothesen zusammen. Die erste ist die Beschäftigungshypothese, die besagt, dass Unterschiede zwischen Herkunfts- und Zielregion hinsichtlich des Arbeitsmarktes Push- bzw. Pull-Faktoren darstellen. Die zweite ist die Einkommenshypothese, die unterschiedlichen Lohnniveaus in Herkunfts- und Zielregion als Hauptkriterium für Migration anführt. Die dritte Hypothese ergänzt diese eher ökonomisch orientierten Annahmen und lässt sich als Informationshypothese bezeichnen. Hierbei beeinflussen persönliche Beziehungen und Kontakte zu bereits Ausgewanderten die Migrationsentscheidung erheblich.[43] Diese sozialen Netzwerke mindern die Hemmschwelle, ebenfalls in ein bestimmtes Land auszuwandern und „reduzieren Kosten und Risiken für die Mitglieder, bieten ihnen Schutz, materielle Hilfe und emotionale Unterstützung“[44].

Zwar sind diese mikroökonomischen Push-Pull-Modelle bei der Erklärung von Migration äußerst erfolgreich gewesen, jedoch wird auch Kritik geäußert. So sei mit diesem Ansatz nicht zu erklären, dass trotz des massiven Wohlstandsgefälles zwischen bestimmten Ländern ein vergleichsweise geringer Migrationsstrom zu verzeichnen ist, umgekehrt aber der Migrationsstrom zwischen Ländern, deren Wohlstand sich immer weiter angleicht, zunimmt.[45] Des Weiteren ist im Zusammenhang mit diesen Modellen die Grundannahme, dass im Mittelpunkt immer ein einzelnes Individuum steht, das auf Grundlage rationaler Überlegungen eine Migrationsentscheidung trifft, kritisch zu hinterfragen. Etwa bei der Kettenmigration mögen noch ganz andere Faktoren als rationale eine Rolle

---

40 Kalter (2003): Stand und Perspektiven der Migrationssoziologie, S. 326f.

41 vgl. Sjaastad (1962): The Costs and Returns of Human Migration.

42 vgl. Oswald (2007): Migrationssoziologie, S. 71.

43 vgl. Treibel (1999): Migration in modernen Gesellschaften, S. 40.

44 Oswald (2007): Migrationssoziologie, S. 72f.

spielen, wie z.B. Gruppenzwang. Außerdem bestimmen ganze Haushalte die Entscheidung und nicht nur eine einzelne Person. Zudem gelten nicht für alle Individuen dieselben Voraussetzungen. Unterschiedliche Zuwanderungsbestimmungen der verschiedenen Staaten werden für einen potenziellen Migranten zum Pull-Faktor, für den anderen zum Push-Faktor.

1.2.3. Hoffmann-Nowotny und der Versuch einer umfassenden soziologischen Theorie

Mit der Intention, Migration nicht mehr als Einzelerscheinung zu betrachten, sondern sie in eine umfassende soziologische Theorie einzuordnen, formuliert Hoffmann-Nowotny erstmals 1970[46] eine Migrationstheorie, die er als Anwendung der „Theorie struktureller und anomischer Spannungen" sieht.[47] Dieses Modell dient als Ausgangspunkt weiterer Überlegungen, die ihn ab Ende der 80er Jahre zu einer makrosoziologischen Theorie der Migration führen. Dies bedeutet für Hoffmann-Nowotny jedoch nicht, dass entweder makro- oder mikrosoziologische Theorien alleinigen Geltungsanspruch hätten. Vielmehr will er die beiden Modelle als komplementär betrachten.[48]

Anders als in einem mit Kubat 1981[49] veröffentlichten Beitrag zur Migrationstheorie postuliert Hoffmann-Nowotny weder einen von Natur aus sesshaften noch mobilen Menschen, sondern er formuliert eine dritte Variante. Nach dieser ist das Individuum „receptive to his environment"[50], das heißt, es wird von Kultur und Struktur der Gesellschaft beeinflusst. Aufgabe der Soziologie sei es nun, herauszufinden,

45 Als Beispiele sind hier die mehr oder weniger ausbleibende Migration nach der EU-Süderweiterung zu nennen bzw. der immer größere Migrationsstrom von Mexiko in die USA, obwohl die Lohnerwartungen für Mexikaner in den USA zwar deutlich über den Lohnerwartungen in Mexiko liegen, sich aber immer weiter angleichen, vgl. Kalter (2003): Stand und Perspektiven der Migrationssoziologie, S. 326f.

46 s. Hoffmann-Nowotny (1970): Migration. Ein Beitrag zu einer soziologischen Erklärung.

47 vgl. Han (2005): Soziologie der Migration, S. 59.

48 vgl. Hoffmann-Nowotny (1997): World Society and the future of international migration, S. 97.

49 s. Kubat/Hoffmann-Nowotny (1981): Migration: towards a new paradigm.

50 Hoffmann-Nowotny (1997): World Society and the future of international migration, S. 98.

welche kulturellen oder strukturellen Gegebenheiten entweder Sesshaftigkeit oder Mobilität bedingen.[51]

Nach dieser Theorie erfolgt Migration als Spannungsbewältigung durch Ausscheiden aus einem System. Diese Spannungen ergeben sich aus der ungleichen Verteilung von Macht und Prestige, was auf abstraktem Niveau der Struktur bzw. der Kultur entspricht.[52] Macht ist für Hoffmann-Nowotny die Möglichkeit der Teilhabe an den relevanten gesamtgesellschaftlichen Werten, Prestige versteht er als die Legitimität derselben. Wenn Macht zum Beispiel bedeutet, ein hohes Einkommen zu erzielen, und Prestige in diesem Zusammenhang über eine hohe Berufsqualifikation zu verfügen, so entsteht nach Hoffmann-Nowotny eine strukturelle und anomische Spannung, wenn diese beiden Komponenten nicht in Einklang gebracht werden können. Das heißt z.B., wenn Akteuren mit hoher Berufsqualifikation durch den jeweiligen Arbeitsmarkt die Möglichkeit verwehrt wird, ein hohes Einkommen zu erzielen.[53] Diese Spannung auf mikrosoziologischer Ebene kann zur Migration des Individuums führen. Es sind also bestimmte kulturelle und strukturelle Voraussetzungen der Weltgesellschaft, die zu Migration führen. Unter Berücksichtigung der Tatsache, dass eine Weltgesellschaft, und hier inbegriffen eine europäische Gesellschaft, im Entstehen ist, scheinen für Hoffmann-Nowotny die Wertintegration als kultureller und die Entwicklungsunterschiede als struktureller Faktor migrationsbestimmend zu sein. Entwicklungsunterschiede sieht Hoffmann-Nowotny dahingehend, „dass die Struktur der Weltgesellschaft durch eine Art von Ungleichheit gekennzeichnet ist, die es nahe legt, sie aus soziologischem Blickwinkel als eine ‚geschichtete' Gesellschaft zu bezeichnen"[54]. Die Weltgesellschaft ist also, ebenso wie die Gesellschaft eines bestimmten Staates in sich, differenziert nach Unter-, Mittel- und Oberschicht, wobei ein Staat einer bestimmten Schicht zuzuordnen ist. Die Entwicklungsunterschiede, die sich an ökonomischen, sozialen und demographischen Indikatoren festmachen lassen[55], können aber nur deswegen von den Individuen überhaupt als solche wahrgenommen werden, weil sich in der Weltgesellschaft Werte wie Wohlstand und soziale Gerechtigkeit immer mehr

---

51 vgl. Hoffmann-Nowotny (1997): World Society and the future of international migration, S. 98.

52 vgl. Hoffmann-Nowotny (1994): Migrationssoziologie, S. 397.

53 vgl. Oswald (2007): Migrationssoziologie, S. 87f.

54 Hoffmann-Nowotny (1991): Weltbevölkerung und Weltmigration, S. 79.

55 vgl. Hoffmann-Nowotny (1997): World Society and the future of international migration, S. 104.

angleichen. Unabdingbare Voraussetzung für die Mobilität ist demnach der kulturelle Faktor, nämlich die Homogenisierung von Werten:

> „Indeed, the very concept of 'development' would be meaningless if the world as one society did not share the common conceptions of affluence, welfare, social justice, mobility, etc. that appear to be universally accepted as desirable goals."[56]

Gerade die zunehmende Angleichung der kulturellen Werte und Visionen im Zusammenspiel mit mehr oder weniger gleich bleibenden strukturellen Unterschieden, verstärkt das Potenzial des Einzelnen, die Migration als Weg der sozialen Mobilität zu wählen.[57]

Migration ist insofern auf makrosoziologischer Ebene soziale Mobilität, als dass nicht im eigenen Land in eine höhere Gesellschaftsschicht vorgedrungen werden kann, sondern mit dem Wechsel des Aufenthaltslandes gleichzeitig die soziale Schicht gewechselt wird. Mit der geographischen Mobilität geht in diesem Fall also, wenn erfolgreich, soziale Mobilität einher.[58] Bezogen auf die Weltgesellschaft gilt also: „Je größer der strukturelle und je geringer der kulturelle Unterschied, [...] desto größer ist das Migrationspotential"[59]. Hoffmann-Nowotny gelangt aufgrund dieser makrosoziologischen Theorie zu der Annahme, dass Migration in Zukunft zunehmen wird. Migration ist für ihn

> „the manifestation of the inability of the international system to solve the problem of underdevelopment and the developmental disparities at its source. It cannot make this inability any easier to accept, nor is it any substitute for development itself, no matter how substantially migration may improve the individual immigrant's prospects in life."[60].

2. Zur Semantik: Ausländer, Migrant, Person mit Migrationshintergrund, ethnische Minderheiten

Nicht jeder Migrant ist Ausländer im rechtlichen Sinne und umgekehrt ist nicht jeder Ausländer im rechtlichen Sinne auch Migrant. Die fol-

---

56 vgl. Hoffmann-Nowotny (1997): World Society and the future of international migration, S. 104.

57 vgl. Hoffmann-Nowotny (1991): Weltbevölkerung und Weltmigration, S. 78ff.

58 vgl. Hoffmann-Nowotny (1997): World Society and the future of international migration, S. 103.

59 Oswald (2007): Migrationssoziologie, S. 89.

60 Hoffmann-Nowotny (1997): World Society and the future of international migration, S. 114.

gende Abbildung gibt einen Überblick über die Vielfalt an Gruppen, die im allgemeinen Sprachgebrauch meistens unter dem Begriff „Ausländer" oder „Migrant" zusammengefasst werden, die sich aber hinsichtlich ihrer Migrationssituation teilweise deutlich unterscheiden.

Abb. 1: Personen mit Migrationshintergrund[61]

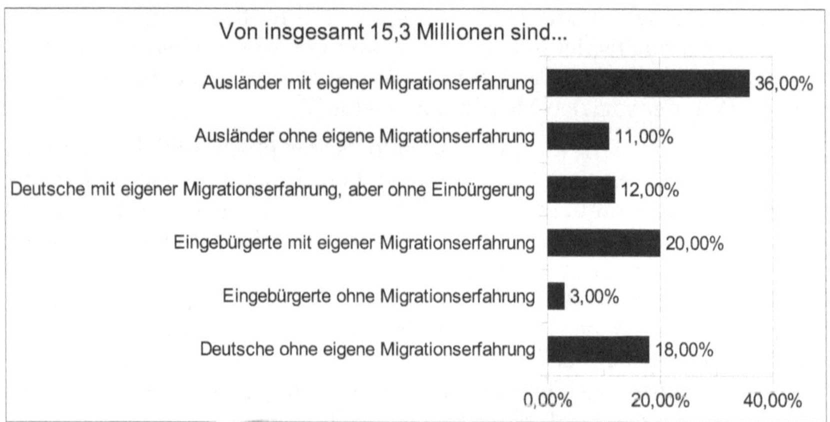

Ausländer mit eigener Migrationserfahrung sind sowohl Migranten als auch Ausländer im rechtlichen Sinne. Ausländer ohne eigene Migrationserfahrung sind zwar keine deutschen Staatsangehörigen, sind aber selbst nicht gewandert, also z.B. nicht eingebürgerte Kinder oder Enkelkinder von Migranten. Deutsche mit eigener Migrationserfahrung, aber ohne Einbürgerung sind Aussiedler, Spätaussiedler, Flüchtlinge und Vertriebene deutscher Volkszugehörigkeit, sowie deren Ehegatten und Abkömmlinge mit deutscher Staatsangehörigkeit ohne Einbürgerung. Eingebürgerte mit eigener Migrationserfahrung sind keine Ausländer im rechtlichen Sinne mehr, aber Migranten. Eingebürgerte ohne Migrationserfahrung sind z.B. Kinder von Migranten, die die deutsche Staatsangehörigkeit erhalten haben. Sie sind nach strenger Auslegung der Begrifflichkeiten weder Ausländer noch Migrant. Dasselbe gilt für Deutsche ohne eigene Migrationserfahrung, von denen ein Elternteil Spätaussiedler, Eingebürgerter oder Ausländer ist. Für diese beiden letzten Gruppen ist, den genauen Definitionen folgend, lediglich die Beschreibung „Person mit Migrationshintergrund" genau zutreffend. Diese Beschreibung

61 vgl. Bundesministerium des Innern (Hg., 2007): Migrationsbericht des Bundesamtes für Migration und Flüchtlinge im Auftrag der Bundesregierung, S. 171.

umfasst auch alle anderen Gruppen, für die ebenfalls „Migrant" oder „Ausländer im rechtlichen Sinne" zutreffend ist.[62]

In letzter Zeit ist die Tendenz zu beobachten, immer weniger von Ausländern und Migranten zu sprechen, sondern zunehmend nur noch von Personen mit Migrationshintergrund. So wird der Begriff „Ausländer" auch als „Auslaufmodell"[63] bezeichnet. Geißler lehnt ihn ebenso wie den des „Migranten" ab. „Ausländer" habe eine ethnozentristische, integrationshemmende Nebenbedeutung und impliziere das „Nichtdazugehören" und das „Ausgrenzende". Er misst dem Begriff „Ausländer" also eher die Bedeutung des „Fremden" nach Simmel bei. Dieser ist

> „innerhalb eines bestimmten räumlichen Umkreises – oder eines, dessen Grenzbestimmtheit der räumlichen analog ist – fixiert, aber seine Position in diesem ist dadurch wesentlich bestimmt, daß er nicht von vornherein in ihn gehört, daß er Qualitäten, die aus ihm nicht stammen und stammen können, in ihn hineinträgt."[64]

Auch andere Autoren sind der Meinung, mit dem Begriff „Ausländer" werde der Eindruck von zwei unterschiedlichen Typen von Gesellschaftsmitgliedern vermittelt.[65] „Migrant" treffe wegen seiner ursprünglichen Bedeutung des Wandernden nicht mehr auf alle zu. Geißler bevorzugt statt dessen, von ethnischen Minderheiten zu sprechen, was er damit begründet, dass sich Ausländer zahlenmäßig in der Minderheit befänden, in sich vielfältig differenziert seien, aber alle eine nichtdeutsche Abstammung und Herkunft gemein hätten. Der soziologische Begriff der Minderheit deute außerdem auf Benachteiligung und Unterlegenheit von einigen dieser Gruppen hin.[66]

Inwieweit derlei Begriffsänderungen sachdienlich sind, ist fraglich. Schließlich geht es dabei stets um das Ablösen eines alten Begriffs durch einen neuen für ein und dieselbe Sache, ohne dass sich an der Sache selbst etwas ändern würde. Auch eine genauere semantische Differenzierung wird durch die neuen Begriffe meistens nicht erreicht. Manchmal geht diese sogar durch vermeintlich geeignetere oder wertungsfreie Bezeichnungen verloren. So ist der Begriff „Ausländer" für einige Auto-

---

62 Zur Problematik von „Inländern" und „Ausländern" s. auch Beck-Gernsheim (2004): Wir und die anderen, S. 107ff.

63 Geißler (2006): Die Sozialstruktur Deutschlands, S. 233.

64 Simmel (1958): Soziologie, S. 509.

65 s. z.B. Bukow (2008): Kriminalisierung als gouvernementales Instrument von Einwanderungspolitik, S. 166.

66 vgl. Geißler (2006): Die Sozialstruktur Deutschlands, S. 233.

ren inakzeptabel und wird nicht mehr verwendet. Es ist jedoch der eigentliche und auch einzige Begriff, der diejenigen bezeichnet, die im rechtlichen Sinne keine Deutschen sind, also nicht die deutsche Staatsangehörigkeit haben. In diesem juristischen Sinne gebraucht geht damit auch keinerlei Wertung einher. Auch der Begriff „Personen mit Migrationshintergrund" birgt eine Schwierigkeit, nämlich die der zeitlichen Unbestimmtheit des Hintergrunds. Verfügt eine Person, welche die deutsche Staatsangehörigkeit besitzt, deren Urgroßeltern aber ursprünglich nach Deutschland eingewandert sind, ebenso über einen Migrationshintergrund, wie eine Person, die in Deutschland geboren ist, deren Eltern aber erst kurz vor Geburt des Kindes nach Deutschland eingewandert sind? Bukow spricht davon, dass der Migrationshintergrund in manchen Fällen nahezu „nostalgische Bedeutung"[67] habe. Die Problematik und Ungenauigkeit des Begriffs „ethnische Minderheiten" an Stelle von Migranten oder Ausländern wird z.B. bei der innerdeutschen Migration zu Zeiten des geteilten Deutschland deutlich. Migranten, die von der DDR in die BRD reisten, waren rechtlich gesehen Ausländer, sie waren auch Migranten, hatten aber eine deutsche Abstammung, was nach Geißler gerade nicht der Fall sei bei ethnischen Minderheiten. Dasselbe gilt für Aussiedler, die ja nun gerade wegen ihrer deutschen Abstammung Aussiedler sind, zweifelsohne auch migriert sind, nach Geißler aber streng genommen nicht unter die Kategorie der ethnischen Minderheiten fallen dürften.

In Anbetracht dieser Probleme neuer Begriffe, die ältere, dem Empfinden mancher Autoren nach negativ besetzte Begriffe ersetzen, werden in dieser Arbeit im Wesentlichen die herkömmlichen Begriffe „Ausländer" und „Migrant" benutzt werden. „Ausländer" wird im rechtlichen Sinne verwendet, nämlich als Person, die nicht die deutsche Staatsangehörigkeit besitzt. Alle anderen Personen, die über einen „Migrationshintergrund" verfügen, werden als Migranten bezeichnet, auch wenn sie nicht selbst migriert sind. Dies wird gegebenenfalls genauer beschrieben als Migranten zweiter oder dritter Generation, wenn sie selbst in der BRD geboren, ihre Eltern oder Großeltern aber eingewandert sind. Dem liegt auch der Gedanke zu Grunde, dass Migranten der zweiten und dritten Generation zwar nicht selbst migriert sind, häufig aber dennoch dieselben migrationsspezifischen Lebensumstände aufweisen wie ihre Eltern oder Großeltern, wie das Leben zwischen zwei Ländern oder Kulturen, Sprachprobleme und das Gefühl, nirgendwo dazu zu gehören:

67 Bukow (2008): Kriminalisierung als gouvernementales Instrument von Einwanderungspolitik, S. 164.

„Es ist heute weitgehend anerkannt, dass Migration keineswegs in der ersten Generation abgeschlossen wird. Vielmehr vermag die Wanderungserfahrung das Denken und Handeln der aus dem Ausland Zugewanderten auch noch nach deren Niederlassung oder sogar Einbürgerung zu prägen oder zu beeinflussen. Beispielhaft sei auf die zweite und dritte Generation der früheren Gastarbeiter hingewiesen, deren Angehörige in eigener Person keine Wanderung mehr erlebt haben."[68]

3. Phasen der Migration nach Deutschland nach dem 2. Weltkrieg bis heute

Geißler teilt die Entwicklung der Ausländerpolitik in der Bundesrepublik seit 1955 in vier Phasen ein.[69] Die charakteristischen ausländerpolitischen Merkmale dieser Phasen sind entweder Grund für oder Reaktion auf bestimmte Wanderungsbewegungen und dienen deswegen auch gleichzeitig dazu, verschiedene Zu- bzw. Einwanderungsphasen nach Deutschland zu unterscheiden. Neben dem zeitlichen Kriterium, bezogen auf den Zeitpunkt der Einwanderung, werden die Migrationsgruppen anhand ihrer Migrationsmotive beschrieben. Dies erfolgt anhand der dargelegten Typologisierungen und migrationssoziologischen Modelle. Auf die so herausgearbeiteten Migrantengruppen wird in den folgenden Teilen der Arbeit zurückgegriffen werden.

Noch vor Beginn der ersten Phase ist der Zuzug beziehungsweise die Aufnahme von mehr als 12 Millionen vertriebenen Deutschen zwischen 1945 und 1950 zu nennen.[70] Diese kamen aus den ehemaligen deutschen Ostgebieten, aus Polen, der Tschechoslowakei, Ungarn und Jugoslawien.[71]

3.1. 1955-1973: Anwerbung von Gastarbeitern – die 1. Phase

Die erste Phase nennt Geißler Anwerbephase. Sie zeichnet sich durch die Anwerbung ausländischer Arbeitskräfte zur Deckung des bestehenden Bedarfs auf dem Arbeitsmarkt aus. Aufgrund des starken Wirtschaftswachstums, dem so genannten „Wirtschaftswunder", herrschte ein Mangel an un- und angelernten Arbeitskräften. Dieser Mangel wurde durch

68 Walter/Trautmann (2003): Kriminalität junger Migranten, S. 68.

69 s. Geißler (2006): Die Sozialstruktur Deutschlands, S. 235ff.

70 vgl. Bundesministerium des Innern (Hg, 2008): Migration und Integration, S. 13.

71 vgl. Münz et. al. (1999): Zuwanderung nach Deutschland, S. 28.

angeworbene Arbeitskräfte aus dem Ausland kompensiert. Das erste Anwerbeabkommen bestand ab 1955 mit Italien, es folgten Abkommen mit Spanien und Griechenland im Jahr 1960. Von diesem Zeitpunkt an spitzte sich der Mangel an einheimischen Arbeitskräften in Deutschland zu. Grund dafür war neben der weiterhin sehr guten wirtschaftlichen Lage der Mauerbau 1961, aufgrund dessen keine Arbeitskräfte mehr aus der DDR halfen, den Bedarf zu decken. Hinzu kamen die Arbeitszeitverkürzung durch die allmähliche Durchsetzung der 40-Stunden-Woche und das Schrumpfen der deutschen Erwerbsbevölkerung. In der Konsequenz folgten Anwerbevereinbarungen mit der Türkei 1961, mit Marokko, Portugal, Tunesien und Jugoslawien im Zeitraum von 1963 bis 1968. Erst in diesem Zeitraum stieg die Zahl ausländischer Arbeitnehmer stark an. Während 1960 noch 1,3 % aller Erwerbstätigen aus dem Ausland kamen, waren es dreizehn Jahre später bereits 11,9 %. Was den Anteil der verschiedenen Nationalitäten an allen ausländischen Erwerbstätigen betrifft, so waren zunächst Italiener, Spanier und Griechen am häufigsten anzutreffen. Ab Ende der 60er Jahre jedoch wurden erst die Gastarbeiter aus Jugoslawien und sodann aus der Türkei zur größten Gruppe. Türkische Staatsangehörige machten 1973 knapp ein Viertel aller Ausländer aus.[72]

Die auf diese Art und Weise ins Land geholten Arbeitskräfte wurden damals und werden auch heute noch als „Gastarbeiter" bezeichnet. Der Begriff des Gastes impliziert die Absicht eines vorübergehenden Aufenthalts, welche auch durch das geplante Rotationsprinzip zum Ausdruck kam. Die ausländischen Arbeitskräfte sollten so lange im Land verbleiben, wie der Bedarf durch deutsche Arbeitskräfte nicht gedeckt werden konnte, dann jedoch wieder in die Entsendeländer zurückkehren. Sollte die Wirtschaft es verlangen, würden neue Gastarbeiter angeworben, die die zurückgekehrten ersetzten. Dieses Prinzip jedoch wurde in der Praxis nicht umgesetzt. Nicht nur seitens der ausländischen Arbeitskräfte bestand häufig der Wunsch, länger in der BRD zu bleiben, auch seitens der Arbeitgeber gab es Widerstand gegen die Rotation. Es bedeutete für sie erhebliche Nachteile, nach Ablauf der Aufenthaltsgenehmigung der Gastarbeiter regelmäßig neue Arbeitskräfte einzustellen und anzulernen. So kam es bereits vor 1973 durch die Möglichkeit der Verlängerung von Aufenthaltsgenehmigungen, die vorher in der Regel nur befristet für ein Jahr erteilt worden waren, dazu, dass immer mehr ausländische Arbeitskräfte blieben und zum Teil ihre Familien nachholten.[73]

---

72 vgl. Bundesministerium des Innern (Hg, 2008): Migration und Integration, S. 14f.

73 vgl. Münz et al. (1999): Zuwanderung nach Deutschland, S. 48.

Bis 1973 kamen so 14 Millionen Gastarbeiter in die Bundesrepublik und etwa 11 Millionen kehrten in die jeweiligen Entsendeländer zurück.[74] Dies bedeutet, dass durch die Anwerbung von Arbeitskräften bis zum Jahr 1973 etwa drei Millionen Menschen migriert sind, in dem Sinne, dass sie ihren Lebensmittelpunkt dauerhaft verlagerten und in der BRD blieben. Für die Migranten dieser Wanderungsbewegung waren ökonomische Motive ausschlaggebend. Die angeworbenen Arbeitskräfte wollten ihre materielle Situation verbessern und entschieden sich, um die Kategorisierung von Petersen zu verwenden, aus freiem Willen für die Migration. Die anfangs schwächere Migration durch Pioniere verstärkte sich schnell und entwickelte sich zu einer Massenmigration. Zu berücksichtigen ist allerdings, dass die Migranten zum Zeitpunkt der Auswanderung von einer Rückkehr in die Heimat ausgingen. Der dauerhafte Aufenthalt im Gastland war nicht von vornherein geplant. Im Zusammenhang mit dieser Migrationsbewegung spielten in zunehmendem Maße die in den Push-Pull-Modellen verankerten sozialen Netzwerke eine Rolle. Neben dem Wunsch, die materielle Situation zu verbessern, erleichterten bereits vorhandene Kontakte nach Deutschland durch bereits ausgewanderte Bekannte oder Verwandte die Ausreise. Die Gastarbeiter kamen aus Ländern, in welchen die wirtschaftliche Situation zu diesem Zeitpunkt nicht dieselben positiven Aussichten versprach wie diejenige in der BRD. Da aber materieller Wohlstand auch in diesen Ländern ein erstrebenswertes Ziel war, können durchaus auch die bestehenden Entwicklungsunterschiede zwischen den Ländern auf strukturellem Niveau bei zunehmender Wertintegration auf kulturellem Niveau als Migrationsgründe betrachtet werden.

3.2. 1973-1980: Anwerbestopp und Familiennachzug – die 2. Phase

Die zweite Phase der Ausländerpolitik nennt Geißler Konsolidierungsphase mit ersten Integrationsversuchen und legt sie auf den Zeitraum von 1973 bis 1980 fest. Das Jahr 1973 bedeutete einen markanten Einschnitt in der Anwerbung von ausländischen Arbeitskräften. Durch die negative wirtschaftliche Entwicklung sah sich die Bundesregierung dazu veranlasst, einen Anwerbestopp zu verhängen. Dieser zielte zusammen mit anderen Maßnahmen darauf ab, die ausländischen Arbeitskräfte dazu zu bewegen, in ihre Heimat zurückzukehren. Gleichzeitig jedoch bedeutete der Anwerbestopp für die Gastarbeiter, dass nach einer Rückkehr in ihr Herkunftsland eine erneute Einreise in die BRD praktisch unmöglich war. Viele entschlossen sich daher dazu, in Deutschland zu

74 vgl. Geißler (2006): Die Sozialstruktur Deutschlands, S. 235.

bleiben und ein verstärkter Familiennachzug setzte ein.[75] Hier sind es vor allem soziale Gründe, die die Migrationsentscheidung beeinflusst haben.

3.3. 1981-1998: Flüchtlinge, Asylsuchende und (Spät-)Aussiedler – die 3. Phase

In dieser so genannten Abwehrphase wird auf die seit 1980 steigende Zahl von Flüchtlingen und Asylsuchenden in Deutschland reagiert.[76]

Asylsuchende oder Asylbewerber gemäß Art. 16a Abs. 1 des Grundgesetzes sind politisch verfolgte Ausländer, die einen Antrag auf Asyl gestellt haben, bis zum Zeitpunkt der rechtskräftigen Entscheidung. Eine Person gilt als Flüchtling im Sinne der Genfer Flüchtlingskonvention, wenn sie

> „aus der begründeten Furcht vor Verfolgung wegen ihrer Rasse, Religion, Nationalität, Zugehörigkeit zu einer bestimmten sozialen Gruppe oder wegen ihrer politischen Überzeugung sich außerhalb des Landes befindet, dessen Staatsangehörigkeit sie besitzt, und den Schutz dieses Landes nicht in Anspruch nehmen kann oder wegen dieser Befürchtungen nicht in Anspruch nehmen will; oder die sich als staatenlose infolge solcher Ereignisse außerhalb des Landes befindet, in welchem sie ihren gewöhnlichen Aufenthalt hatte, und nicht dorthin zurückkehren kann oder wegen der erwähnten Befürchtungen nicht dorthin zurückkehren will."[77]

Die Anerkennung einer Person als GFK-Flüchtling erfolgt gemäß § 60 Abs. 1 Aufenthaltsgesetz.

Bis Mitte der 80er Jahre erhöhte sich der Ausländeranteil in der BRD kontinuierlich, aber nur langsam. Ab 1986 jedoch stiegen die Asylbewerberzahlen stark an und erreichten im Jahr 1992 mit 440 000 Bewerbern einen Höchststand.[78] Herkunftsgebiete waren Armuts- und Konfliktregionen der „Dritten Welt" sowie, nach dem Fall des Eisernen Vorhangs, Ost- und Südosteuropa.[79] Die Bundesregierung reagierte darauf 1993 mit einer Einschränkung des Asylrechts durch die so genannte Drittstaaten-

75 vgl. Geißler (2006): Die Sozialstruktur Deutschlands, S. 235.

76 vgl. ebd., S. 235f.

77 Kapitel I Artikel 1 Nr. 2 des Abkommens über die Rechtsstellung der Flüchtlinge (Genfer Flüchtlingskonvention) vom 28. Juli 1952.

78 vgl. Bundesministerium des Innern (Hg., 2008): Migration und Integration, S. 17.

79 vgl. Geißler (2006): Die Sozialstruktur Deutschlands, S. 55.

regelung.[80] Bewerber, die über ein sicheres Drittland[81], in welchem sie keiner politischen Verfolgung ausgesetzt waren, nach Deutschland eingereist waren, wurden nicht mehr als asylberechtigt anerkannt.[82] So wurden zwar die Asylbewerberzahlen gesenkt, gleichzeitig jedoch stieg die Zahl der Ausländer insgesamt in Deutschland stetig an, nämlich von 4,5 Millionen im Jahr 1988 auf 7,3 Millionen 1996.[83] Gründe für diesen starken Anstieg waren neben den Asylbewerbern weiterhin der Familiennachzug und die in Deutschland geborenen Kinder ausländischer Eltern. Nach 1992 stieg die Zahl der in Deutschland lebenden Ausländer außerdem aufgrund von zuziehenden Kriegs- und Bürgerkriegsflüchtlingen. Diese haben ein Recht auf politisches Asyl gemäß Art. 16a Abs. 1 des Grundgesetzes und erhalten ohne Asylverfahren Schutz, bis der Krieg oder Bürgerkrieg in der Heimat beendet ist. Ausschlaggebend für die Flüchtlingsbewegung waren die Kriege in Bosnien und Herzegowina von 1991 bis 1995, sowie der Kosovo-Konflikt im Jahr 1999. Flüchtlinge dieser Flüchtlingsbewegungen sind zum überwiegenden Teil wieder in ihre Heimat zurückgekehrt.[84]

Für Asylbewerber sind die Auswanderungsgründe politischer Art. Für Flüchtlinge kann die Migration z.B. auch sozial oder religiös bedingt sein. Ökonomische Erwägungen spielen für die hier genannten Asylbewerber und Flüchtlinge jedenfalls keine Rolle. Es handelt sich auch nicht um eine Migration, die völlig frei entschieden wurde, sondern vielmehr um eine „veranlasste Migration" im Sinne von Petersen.

In diese dritte Phase der Entwicklung fällt auch der erhebliche Anstieg von Aussiedlern, die nach Deutschland zurückkehren. Die Definition von „Aussiedlern" ergibt sich aus dem Gesetz über die Angelegenheiten der Vertriebenen und Flüchtlinge (BVFG). Danach bilden die Aussiedler eine Untergruppe der Vertriebenen. Aussiedler ist jeder, der

> „als deutscher Staatsangehöriger oder deutscher Volkszugehöriger nach Abschluss der allgemeinen Vertreibungsmaßnahmen vor

80 vgl. Geißler (2006): Die Sozialstruktur Deutschlands, S. 236.

81 Dazu zählen alle EU-Staaten und gesetzlich festgelegte Staaten, in welchen sichergestellt ist, dass die GFK und die Europäische Menschenrechtskonvention Anwendung finden, vgl. Bundesministerium des Innern (Hg., 2007): Migrationsbericht des Bundesamtes für Migration und Flüchtlinge im Auftrag der Bundesregierung, S. 88.

82 Art. 16a Abs. 2 Grundgesetz.

83 vgl. Geißler (2006): Die Sozialstruktur Deutschlands, S. 236.

84 vgl. Bundesministerium des Innern (Hg., 2008): Migration und Integration, S. 16f.

> dem 1. Juli 1990 oder danach im Wege des Aufnahmeverfahrens vor dem 1. Januar 1993 die ehemals unter fremder Verwaltung stehenden deutschen Ostgebiete, Danzig, Estland, Lettland, Litauen, die ehemalige Sowjetunion, Polen, die Tschechoslowakei, Ungarn, Rumänien, Bulgarien, Jugoslawien, Albanien oder China verlassen hat oder verlässt, es sei denn, dass er, ohne aus diesen Gebieten vertrieben und bis zum 31. März 1952 dorthin zurückgekehrt zu sein, nach dem 8. Mai 1945 einen Wohnsitz in diesen Gebieten begründet hat."[85]

Es handelt sich somit um Nachfahren von in ost- oder südosteuropäischen Staaten lebenden deutschen Minderheiten.[86] Spätaussiedler sind definiert in § 4 Abs. 1 BVFG. Unter den Begriff fallen alle (unter Erfüllung bestimmter Voraussetzungen) ab dem 1. Januar 1993 aus den Aussiedlungsgebieten Eingewanderten deutscher Volkszugehörigkeit.

Aussiedler sind Nachfahren von Deutschen, die sich vor allem im 19. Jahrhundert in Russland niedergelassen haben, wo sie in Kolonien bis Mitte des 19. Jahrhunderts mit ihnen zugestandenen Minderheitenrechten leben konnten. Bedingt durch die Verbreitung nationalistischer Ideen und dem Ersten Weltkrieg wanderten bereits Ende des 19., Anfang des 20. Jahrhunderts einige nach Deutschland zurück. Nach der Oktoberrevolution verbesserten sich die Bedingungen zunächst wieder, es folgten aber Enteignung, Kollektivierung und Verbannung. Nach dem Bruch des Hitler-Stalin-Pakts wurde den in Russland lebenden Deutschen Kollaboration unterstellt. Sie wurden vertrieben, zwangsumgesiedelt, deportiert, enteignet, interniert, entrechtet und diskriminiert. Deportationen erfolgten vor allem nach Kasachstan und Sibirien. Nach dem 2. Weltkrieg lebten die deutschen Nachfahren als „Vertriebene im eigenen Land"[87], wurden in Sondersiedlungen in der UdSSR untergebracht, durften aber nicht an ihren Heimatort zurückkehren. Bis Mitte der 80er Jahre war die Situation der Deutschen in der Sowjetunion schwierig und eine Ausreise nach Deutschland kompliziert. Ab 1985 wurde die Ausreise nach Deutschland einfacher und nach dem Zerfall der Sowjetunion sogar in deutsch-russischen Verträgen aktiv gefördert. Ab 1991 begann, ausgelöst durch die schlechte wirtschaftliche und soziale Lage in den Nachfolgestaaten der UdSSR, eine große Wanderungsbewegung der Aussiedler.[88] 1990 wurde mit 397 000 Aussiedlern, die nach Deutschland kamen, ein Höhepunkt erreicht. Mit bestimmten Maßnahmen durch das Aussiedleraufnahmege-

---

85 § 1 Abs. 2 Nr. 3 BVFG

86 vgl. Kleespies (2006): Kriminalität von Spätaussiedlern, S. 19.

87 ebd., S. 26.

88 vgl. ebd., S. 23ff.

setz, das am 1. Juli 1990 in Kraft trat, reduzierte die BRD den massiven Aussiedlerstrom. 1998 wanderten nur noch 103 000 Aussiedler ein, was sich aus weiteren restriktiven Maßnahmen seitens der Bundesregierung, z.B. durch das Erfordernis des Nachweises der deutschen Sprachkenntnisse, ergab.[89]

Wanderten die Vertriebenen von 1945 bis 1949 noch eher unfreiwillig, wenn nicht gar erzwungen, nach Deutschland ein, so erfolgte die Migration der Aussiedler bzw. Spätaussiedler eher freiwillig.[90] Während anfangs noch die Familienzusammenführung im Vordergrund gestanden haben mag, so ist es in zunehmendem Maße auch der Wunsch nach einer besseren ökonomischen Lage, der die Entscheidung zur Migration mitbestimmt.[91]

Im Folgenden wird häufig eine Abgrenzung zwischen Aussiedlern und Deutschen vorgenommen werden. Dies wird zwar der Tatsache, dass auch Aussiedler die deutsche Staatsangehörigkeit besitzen und somit Deutsche sind, nicht gerecht, erfolgt aber dennoch aus Gründen der begrifflichen Vereinfachung. Da die Abgrenzung zwischen Aussiedlern und Spätaussiedlern zwar juristisch von Bedeutung ist, für die Umstände der Migration selbst jedoch keine Rolle spielt, werden die Begriffe Aussiedler und Spätaussiedler im Folgenden synonym verwendet.

In diese dritte Phase fällt auch die deutsche Wiedervereinigung. In der DDR gab es keinen mit der BRD vergleichbaren Zuzug von Ausländern. Zwar gab es eine geregelte Zuwanderung von Arbeitskräften, jedoch fand im Gegensatz zur BRD tatsächlich eine Rotation und kein Familiennachzug statt. 1989 waren mit ca. 90 000 Personen etwa ein Prozent der erwerbstätigen Bevölkerung Ausländer. Die meisten kam aus Vietnam, Mosambik, Kuba, Polen und Angola. Hinzu kamen als Ausländer etwa eine halbe Million Angehörige der sowjetischen Armee und deren Familienangehörige sowie etwa 100 000 weitere Ausländer.[92] Schon 1993 jedoch hatten die meisten der Vertragsarbeitnehmer Deutschland verlassen, sodass nur noch etwa 19 000 in den neuen Bundesländern arbeiteten.[93]

---

89 vgl. Münz et al. (1999): Zuwanderung nach Deutschland, S. 32ff.

90 vgl. ebd., S. 30f.

91 vgl. Sauer (2006): Zuwanderung aus den Staaten der GUS nach Deutschland, S. 113; s. auch Strobl/Kühnel (2000): Dazugehörig und ausgegrenzt.

92 vgl. Bundesministerium des Innern (Hg., 2008): Migration und Integration, S. 18.

93 vgl. Geißler (2006): Die Sozialstruktur Deutschlands, S. 250.

3.4. 1998 bis heute: Zuwanderungsgesetz und EU-Binnenmigration – die 4. Phase

Die vierte Phase beginnt 1998 und ist nach Geißler durch Akzeptanz gekennzeichnet. Als Anzeichen für diese Akzeptanz wertet er die Liberalisierung des Staatsangehörigkeitsrechts im Jahr 2000, die teilweise Aufhebung des Anwerbestopps durch die *Greencard*-Regelung, sowie die Bemühungen um ein neues Zuwanderungsgesetz, welches schließlich im Jahr 2005 in Kraft trat. Nach und nach wird anerkannt, dass Deutschland zu einem „Einwanderungsland modernen Typs"[94] geworden ist.

Eine Migrantengruppe, die bisher noch keine Erwähnung gefunden hat, die aber vor allem in den letzten Jahren immer mehr an Bedeutung gewinnt, sind EU-Binnenmigranten. Sie genießen einen Sonderstatus, da ihnen gemäß EG-Vertrag Art. 8a Freizügigkeit gewährt wird: „Jeder Unionsbürger hat das Recht, sich im Hoheitsgebiet der Mitgliedstaaten [...] frei zu bewegen und aufzuhalten."[95] Nennenswert gestiegen ist die Zahl von EU-Binnenmigranten mit dem Beitritt Polens zur EU im Jahr 2004.[96] Der Anteil von EU-Binnenmigranten an den jährlichen Zuzügen liegt bei etwa 40 %.[97] Die Gründe für die Migration innerhalb der EU sind vielfältig. So können rationale ökonomische Erwägungen eine Rolle spielen, ebenso wie der Familiennachzug, aber auch der Wunsch nach Verbesserung der Lebensqualität.[98]

4. Migrationssituation in Deutschland heute

Datengrundlage für Informationen über die aktuelle Migrationssituation in Deutschland bildet zum einen die Bevölkerungsfortschreibung, zum anderen das Ausländerzentralregister (AZR). Die Daten des AZR stammen von den lokalen Ausländerbehörden und umfassen all diejenigen Ausländer, die sich drei Monate oder länger in Deutschland aufhalten.[99] Da das AZR ausschließlich Ausländer erfasst, ist für einen Vergleich zwi-

---

94 Geißler (2006): Die Sozialstruktur Deutschlands, S. 237.

95 EG-Vertrag, Art. 8a.

96 vgl. Bundesministerium des Innern (Hg., 2008): Migration und Integration, S. 20.

97 vgl. Bundesministerium des Innern (Hg., 2007): Migrationsbericht des Bundesamtes für Migration und Flüchtlinge im Auftrag der Bundesregierung, S. 40.

98 vgl. Rother (2006): Migration innerhalb der EU: Wer zieht warum nach Deutschland – und mit welchem Erfolg?, S. 46ff.

99 vgl. Bundesministerium des Innern (Hg., 2007): Migrationsbericht des Bundesamtes für Migration und Flüchtlinge im Auftrag der Bundesregierung, S. 157.

schen Ausländern und Deutschen die Bevölkerungsfortschreibung besser geeignet, da in dieser alle Personen, seien sie deutscher oder nichtdeutscher Staatsangehörigkeit, die in Deutschland leben, erfasst sind.[100]

Gemäß der Bevölkerungsfortschreibung, die auf Grundlage der Ergebnisse der letzten Zählung der Bevölkerung erfolgt[101], leben derzeit 7,3 Millionen Ausländer in Deutschland. Das AZR gibt einen Wert von 6,75 Millionen[102] Personen (Stand: 31. Dezember 2006) an. Der Anteil an der Gesamtbevölkerung liegt somit bei etwas weniger als 9 %.

Die Statistiken, welche die ausländische Bevölkerung Deutschlands erfassen wollen, beziehen sich allein auf Ausländer im Sinne des § 2 Abs. 1 Aufenthaltsgesetz. Nicht enthalten sind die Personen, die zwar die deutsche Staatsbürgerschaft haben, aber Migranten sind (s. Punkt I.2.). Daten über Umfang und Struktur dieser Bevölkerungsgruppe gehen aus dem Mikrozensus hervor, der es seit dem Mikrozensusgesetz von 2005 ermöglicht, Informationen von und über Migranten, nicht nur über Ausländer, zu sammeln. So zählt die Bevölkerungsfortschreibung zwar nur 7,3 Millionen Ausländer, es wird jedoch von etwa 15,3 Millionen Migranten ausgegangen, was 19 % der Gesamtbevölkerung ausmacht.[103] Werden also nur die unter Ausländern erfassten Migranten in die Analysen mit einbezogen, so spricht man von weniger als der Hälfte der Migranten insgesamt.

4.1. Rechtliche Regelungen

Von den 6,75 Millionen im AZR erfassten Ausländern besitzen fast alle ein Aufenthaltsrecht, nämlich 6,3 Millionen. Davon verfügen etwa zwei Drittel über ein unbefristetes und ein Drittel über ein befristetes Aufenthaltsrecht. Die Übrigen sind Ausländer, die sich derzeit noch in einem nicht abgeschlossenen Asylverfahren befinden oder ausreisepflichtig wurden.[104]

100 vgl. Bundesministerium des Innern (Hg., 2008): Migration und Integration, S. 26.

101 vgl. Statistisches Bundesamt (2007): Qualitätsbericht Bevölkerungsfortschreibung, S. 4.

102 vgl. Bundesministerium des Innern (Hg., 2008): Migration und Integration, S. 26f.

103 vgl. Bundesministerium des Innern (Hg., 2007): Migrationsbericht des Bundesamtes für Migration und Flüchtlinge im Auftrag der Bundesregierung, S. 170.

104 vgl. Bundesministerium des Innern (Hg., 2008): Migration und Integration, S. 36.

Mit Inkrafttreten des neuen Aufenthaltsgesetzes zum Jahr 2005 wurde die Zahl der Aufenthaltstitel von fünf auf zwei reduziert, womit nur noch entweder eine (befristete) Aufenthaltserlaubnis oder eine (unbefristete) Niederlassungserlaubnis in Frage kommt. Hauptkriterium für die Vergabe dieser Titel ist der Aufenthaltszweck. So ist die Aufenthaltserlaubnis entsprechend dem angestrebten Zweck, wie zum Beispiel Ausbildung, Erwerbstätigkeit oder aus familiären Gründen, zu befristen. Eine Niederlassungserlaubnis ist unbefristet und wird erst erteilt, wenn die entsprechende Person bereits seit fünf Jahren im Besitz einer Aufenthaltserlaubnis ist und zudem noch andere Voraussetzungen wie etwa deutsche Sprachkenntnisse und einen gesicherten Lebensunterhalt nachweisen kann.

Die Aufenthaltsgestattung und die Duldung gelten nicht als Aufenthaltstitel. Erstere erhält, wer sich in einem laufenden Asylverfahren befindet. Geduldet wird der, dessen Vollstreckung einer bestehenden Ausreiseverpflichtung (Abschiebung) vorübergehend ausgesetzt ist.[105] Unionsbürger unterliegen gemäß dem Gesetz über die allgemeine Freizügigkeit von Unionsbürgern (Freizügigkeitsgesetz/EU) nicht diesen Bestimmungen, sondern können sich innerhalb der EU grundsätzlich frei bewegen, d.h. in andere Mitgliedsstaaten ein- und ausreisen und sich auch dort aufhalten.

4.2. Wichtige Zuwanderungsgruppen

4.2.1. Spätaussiedler

Während die Zuwanderungszahlen von Spätaussiedlern Anfang der 90er Jahre beträchtlich waren, war im Jahr 2006 eine Zuwanderungszahl von nur noch 7 747 zu verzeichnen.[106] Im Gesamtzeitraum von 1990 bis 2006 wanderten etwa 2,5 Millionen Spätaussiedler nach Deutschland ein.[107] Da Aussiedler Deutsche sind und damit nicht zu Ausländern im Sinne der Statistik zählen, tauchen sie auch nicht in der Bestandsstatistik von Ausländern auf.[108]

---

105 vgl. Bundesministerium des Innern (Hg., 2007): Migrationsbericht des Bundesamtes für Migration und Flüchtlinge im Auftrag der Bundesregierung, S. 168.

106 vgl. Bundesministerium des Innern (Hg., 2008): Migration und Integration, S. 21.

107 vgl. Bundesministerium des Innern (Hg., 2007): Migrationsbericht des Bundesamtes für Migration und Flüchtlinge im Auftrag der Bundesregierung, S. 50.

108 vgl. ebd., S. 156.

4.2.2. Familien- und Ehegattennachzug

Die Anzahl der Familienangehörigen, also Ehegatten, Kinder oder auch andere Angehörige, die zu in Deutschland lebenden Drittstaatsangehörigen nachziehen, ist nicht exakt anzugeben. Zur groben Orientierung dient die Anzahl der zum Zweck der Familienzusammenführung ausgestellten Visa in deutschen Auslandsvertretungen. Im Jahr 2006 wurden 50 300 Visa dieser Art vergeben, davon ein Viertel von Auslandsvertretungen in der Türkei. Tatsächlich liegt der Anteil vermutlich höher, da in der Visastatistik diejenigen Fälle nicht erfasst werden, in welchen das Aufenthaltsrecht erst nach der Einreise bei der Ausländerbehörde beantragt wird.[109]

4.2.3. Asylbewerber und Flüchtlinge

Seit den 50er Jahren wurden in der BRD drei Millionen Asylbewerber aufgenommen. Über 350 000 von ihnen wurden vom Bundesamt für Migration und Flüchtlinge als Flüchtlinge im Sinne der GFK anerkannt.[110] Seit 1998 ist ein stetiges Sinken der Asylbewerberzahlen zu verzeichnen[111] (mit Ausnahme des Anstiegs im Jahr 2001). Aus dem AZR geht hervor, dass sich zum 31.12.2006 ca. 40 000 Asylbewerber in Deutschland aufhielten. Außerdem gab es zu diesem Zeitpunkt über 130 000 asylberechtigte Flüchtlinge und sonstige anerkannte Flüchtlinge im Sinne der GFK. Mit über 175 000 Personen ist die Zahl der Geduldeten sehr hoch.[112] Die größten Anteile von Asylbewerbern (Erstanträge) kamen in den vergangenen Jahren aus Serbien, Irak und der Türkei.[113]

4.2.4. Illegale

Nicht zu vergessen, und vor allem auch nicht zu unterschätzen, ist die illegale Einwanderung. Illegale Einwanderer werden hier separat aufgeführt, da sie gerade aufgrund ihrer Illegalität in keiner Statistik zur

---

109 vgl. Bundesministerium des Innern (Hg., 2008): Migration und Integration, S. 21.

110 vgl. ebd., S. 23.

111 vgl. Bundesministerium des Innern (Hg., 2007): Migrationsbericht des Bundesamtes für Migration und Flüchtlinge im Auftrag der Bundesregierung, S. 90.

112 vgl. Bundesministerium des Innern (Hg., 2008): Migration und Integration, S. 23.

113 vgl. Bundesministerium des Innern (Hg., 2007): Migrationsbericht des Bundesamtes für Migration und Flüchtlinge im Auftrag der Bundesregierung, S. 90; s. auch Bundesministerium des Innern (Hg., 2008): Migration und Integration, S. 24.

Migration, wohl aber in der Polizeilichen Kriminalstatistik als nichtdeutsche Tatverdächtige auftauchen.

In einem Arbeitspapier des Bundesamtes für Migration und Flüchtlinge werden illegale Einwanderer folgendermaßen definiert:

> „Besitzt ein Ausländer den erforderlichen Aufenthaltstitel nicht oder nicht mehr oder besteht das Aufenthaltsrecht nach dem Gemeinschaftsrecht oder dem Assoziationsabkommen EWG/Türkei nicht oder nicht mehr, ist der Betreffende ausreisepflichtig. Kommt er dieser Ausreisepflicht nicht unverzüglich oder innerhalb der gesetzten Frist nach, ist sein Aufenthalt im Bundesgebiet unerlaubt."[114]

Bei der Definition von Illegalen ist vor allem die Behandlung von geduldeten und nicht geduldeten Ausreisepflichtigen strittig. Ein Geduldeter ist ausreisepflichtig, die Abschiebung kann aber aus bestimmten Gründen nicht vorgenommen werden. Ausreisepflichtige, die keine Duldung besitzen, sind im Ausländerzentralregister als ausreisepflichtig registriert, sind aber ihrer Ausreisepflicht noch nicht nachgekommen. Die folgenden Schätzungen beziehen sich auf Personen, die nicht die deutsche Staatsbürgerschaft besitzen, keinen Aufenthaltstitel haben und nicht im AZR und auch nicht an anderer Stelle behördlich registriert sind.[115] Diese Schätzungen bezüglich Umfang und Struktur dieser Gruppe bewegen sich zwischen 100 000 und einer Million Illegaler. Zu diesen unterschiedlichen Daten gelangt man entweder durch Hochrechnungen, die auf lokalen Schätzwerten basieren, oder durch die Daten der Polizeilichen Kriminalstatistik zu nichtdeutschen illegalen Tatverdächtigen.[116] Auch die von der Bundespolizei geführten Statistiken zur unerlaubten Einreise sowie Aufgriffe von Geschleusten und Schleusern an den bundesdeutschen Grenzen, an Flughäfen und im Inland festgestellten illegal Aufhältigen bieten Anhaltspunkte für Gesamtschätzungen.[117] Allerdings ist bei Betrachtung der Zahlen der Tatsache Rechnung zu tragen, dass sich Auswertungen auf Grundlage beider Statistiken lediglich auf das Hellfeld beziehen. Das ebenfalls schwer abzuschätzende Dunkelfeld bleibt vollkommen unberücksichtigt. Was die nationale Zusammensetzung betrifft, so wird davon ausgegangen, dass ein quantitativer Zusammenhang zur

114 Bundesamt für Migration und Flüchtlinge (Hg. 2005): Illegalität von Migranten in Deutschland. Working Papers 02/2005, S. 3.

115 vgl. ebd.

116 vgl. ebd., S. 7.

117 vgl. Bundesministerium des Innern (Hg., 2007): Migrationsbericht des Bundesamtes für Migration und Flüchtlinge im Auftrag der Bundesregierung, S. 142.

legalen Migration besteht. Um eine exakte Abbildung der legalen Migration handelt es sich allerdings mit Sicherheit nicht.

Illegale Migranten in Deutschland lassen sich in drei Gruppen einteilen. Die erste Gruppe sind Arbeitsmigranten aus Mittel- und Osteuropa, die visumsfrei oder mit erschlichenen Visa eingereist sind. Diese Gruppe wird als die größte eingeschätzt. Die zweite Gruppe sind illegale Migranten aus visumspflichtigen Staaten, die durch historische Ereignisse im Bereich der Migration in enger Beziehung zu Deutschland, oder auch zur DDR, stehen. Dazu gehören z.B. Türken, Migranten aus der Russischen Föderation und aus Vietnam. Die dritte Kategorie umschließt illegale Migranten mit Visumspflicht aus weiter entfernten Staaten, die sich durch eine unsichere politische oder wirtschaftliche Lage auszeichnen. Hierzu gehören unter anderem Chinesen, Afghanen, Inder und Lateinamerikaner.[118]

Einigkeit besteht über die Gründe für illegale Einreise oder illegalen Aufenthalt. Zum einen spielt die ökonomische Verbesserung des Einzelnen eine Rolle. Zum anderen ist die illegale Einreise zur Familienzusammenführung von Angehörigen, die keine Einreiseerlaubnis erhalten, sowie zum Schutz vor politischer Verfolgung oder erheblicher Gefahr für Leib und Leben zu nennen.[119]

4.3. Nationalitäten

Nach Angaben des Ausländerzentralregisters mit Stand von 2004 stammen fast 80 % der ausländischen Bevölkerung in Deutschland aus Europa.[120] Die fünf Hauptherkunftsländer sind Türkei, Italien, Serbien, Polen und Griechenland. Mit etwa 1,7 Millionen Personen bilden die Türken eine größere Gruppe als die Personen italienischer, serbischer, polnischer und griechischer Staatsangehörigkeit zusammen und machen rund ein Viertel aller ausländischen Staatsangehörigen in Deutschland aus. Italiener machen etwa 8 % der ausländischen Bevölkerung aus, Staatsangehörige Serbiens und Montenegros etwa 7 %, Polen 5,4 % und Griechen 4,5 %.[121] Auch Menschen, die die Staatsangehörigkeit eines asiatischen Staates besitzen, sind noch zu 12 % an der gesamten ausländischen

118 vgl. Cyrus (2004): Aufenthaltsrechtliche Illegalität in Deutschland, S. 19f.

119 vgl. Bundesministerium des Innern (Hg., 2007): Migrationsbericht des Bundesamtes für Migration und Flüchtlinge im Auftrag der Bundesregierung, S. 141.

120 vgl. Statistisches Bundesamt (2006): Strukturdaten zur Migration in Deutschland, S. 16.

121 vgl. Bundesministerium des Innern (Hg., 2008): Migration und Integration, S. 27f. Daten des AZR, Stand: 31. Dezember 2006.

Bevölkerung vertreten. Die Bevölkerungsanteile aus Afrika mit 4 % und aus Amerika mit 3 % sind wesentlich geringer. Staatenlose (0,9 %) und Menschen unbekannter Herkunft (0,7 %) finden sich noch häufiger als Migranten aus Australien und Ozeanien (0,1 %)[122], sind aber dennoch aufgrund der geringen Anteile zu vernachlässigen.

Abb. 2: Anzahl von Personen verschiedener Nationalitäten in Deutschland[123]

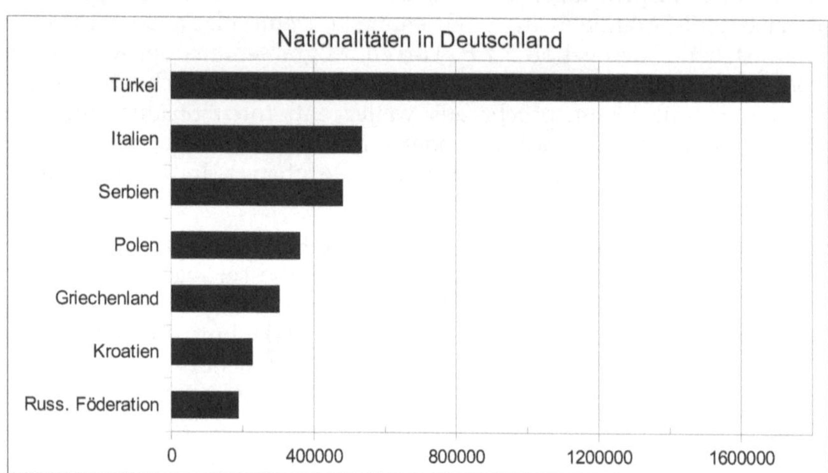

4.4. Aufenthaltsdauer

Es ist eine steigende durchschnittliche Aufenthaltsdauer festzustellen, die im Moment bei 16,1 Jahren liegt (Stand: Ende 2004). Weit über die Hälfte der Bevölkerung mit einer anderen als der deutschen Staatsangehörigkeit lebt schon länger als zehn Jahre in der Bundesrepublik, wohingegen mittlerweile nur noch etwa ein Viertel der ausländischen Bevölkerung seit weniger als fünf Jahren in Deutschland lebt. Zu jenem Teil der Ausländer, der schon lange in Deutschland lebt, gehören vor allem diejenigen, die im Zuge der Anwerbeabkommen der 50er und 60er Jahre nach Deutschland gekommen sind.[124] So leben Personen spanischer, italieni-

122 vgl. Statistisches Bundesamt (2006): Strukturdaten zur Migration in Deutschland, S. 16.

123 vgl. Bundesministerium des Innern (Hg., 2008): Migration und Integration, S. 28.

124 vgl. Statistisches Bundesamt (2006): Strukturdaten zur Migration in Deutschland, S. 16.

scher, griechischer, türkischer und portugiesischer Staatsangehörigkeit im Schnitt seit über zwanzig Jahren in Deutschland.[125] Über 80 % der Türken, Griechen und Italiener halten sich schon seit zehn Jahren oder länger in der BRD auf.[126] Ausländer osteuropäischer Herkunft halten sich durchschnittlich kürzer in Deutschland auf, so zum Beispiel Polen, Bulgaren, Russen und Ukrainer im Schnitt seit weniger als zehn Jahren.[127]

4.5. Einbürgerungen

Für alle Migranten bis auf (Spät-)Aussiedler ist eine Einbürgerung grundsätzlich erst nach einem mindestens achtjährigen Aufenthalt und der Erfüllung bestimmter Voraussetzungen möglich. Dazu gehört ein Bekenntnis zur freiheitlich-demokratischen Grundordnung, die Fähigkeit, den eigenen Lebensunterhalt und den für die Familienangehörigen selbst bestreiten zu können, das Nichtvorliegen einer Vorbestrafung, deutsche Sprachkenntnisse sowie die Aufgabe der bisherigen Staatsangehörigkeit. Zudem müssen seit September 2008 Kenntnisse über Rechts- und Gesellschaftsordnung in einem Einbürgerungstest nachgewiesen werden. Der Besuch von Integrationskursen oder besonders gute Sprachkenntnisse können die Mindestaufenthaltszeit von acht Jahren um ein bis zwei Jahre verkürzen.[128]

Seitdem mit dem neuen Zuwanderungsgesetz die Ius-Soli-Regelung (§ 4 Abs. 3 Satz 1 StAG) für bestimmte Fälle eingeführt wurde, erhalten in Deutschland geborene Kinder ausländischer Eltern bei Geburt die deutsche Staatsangehörigkeit, wenn ein Elternteil bereits seit acht Jahren in Deutschland lebt. Ein in Deutschland geborenes Kind, dessen Vater oder Mutter freizügigkeitsberechtigter Unionsbürger ist, erhält ebenfalls bei Geburt die deutsche Staatsangehörigkeit. Für alle, die seit 2000 geboren wurden, die deutsche Staatsangehörigkeit erworben haben und gleichzeitig eine ausländische Staatsangehörigkeit besitzen, gilt gemäß § 29 StAG, dass sie mit Erreichen der Volljährigkeit erklären müssen, welche Staatsangehörigkeit sie behalten möchten. Wird die ausländische Staatsangehörigkeit behalten, geht die deutsche verloren. Ebenso geht sie ver-

---

125 vgl. Bundesministerium des Innern (Hg., 2008): Migration und Integration, S. 34f.

126 vgl. Bundesministerium des Innern (Hg., 2007): Migrationsbericht des Bundesamtes für Migration und Flüchtlinge im Auftrag der Bundesregierung, S. 164.

127 vgl. Bundesministerium des Innern (Hg., 2008): Migration und Integration, S. 34f.

128 vgl. Bundesministerium des Innern (Hg., 2007): Migrationsbericht des Bundesamtes für Migration und Flüchtlinge im Auftrag der Bundesregierung, S. 172f.

loren, wenn bis zur Vollendung des 23. Lebensjahres keine Erklärung abgegeben wurde.

Von 1994 bis 2000 haben sich die Einbürgerungszahlen in Deutschland verdreifacht.[129] Seit der Reform des Staatsangehörigkeitsrechts, das am 01. Januar 2000 in Kraft trat, bis Ende des Jahres 2006 wurden über eine Million Menschen eingebürgert.[130] Die größte Gruppe der Eingebürgerten stellen nach wie vor Personen türkischer Herkunft, auch wenn ihr Anteil an allen Einbürgerungen von fast der Hälfte im Jahr 2000 auf etwa ein Viertel im Jahr 2006 fiel. Angestiegen sind hingegen die Einbürgerungen von Personen aus Serbien und Montenegro.[131] Es wird deutlich, dass bei Einbürgerungszahlen in dieser Größenordnung Ausländer im rechtlichen Sinne längst nicht mehr gleichzusetzen sind mit Migranten im Allgemeinen (s. Punkt I.2.). Noch deutlicher wird dies angesichts der Regelungen zum Erhalt der deutschen Staatsangehörigkeit für Aussiedler. Aussiedler und Spätaussiedler sind, was die Staatsangehörigkeit betrifft, verglichen mit allen anderen Migranten in einer Sonderposition. Sie erhalten nach geltendem Staatsangehörigkeitsrecht mit der Ausstellung der Bescheinigung über ihren Aufnahmestatus[132] automatisch die deutsche Staatsangehörigkeit.[133] Sie werden nicht, wie andere Ausländer, eingebürgert.

Einbürgerungen sind vor allem in Bezug auf die bereits angedeutete Problematik von „Ausländern" und „Personen mit Migrationshintergrund" relevant. Für die Statistik, auch für die Polizeiliche Kriminalstatistik, bedeuten Einbürgerungen, dass Personen, die vor Erlangen der deutschen Staatsbürgerschaft noch als Ausländer geführt wurden, nach Erlangen der deutschen Staatsbürgerschaft plötzlich in eine andere Kategorie fallen.

---

129 vgl. Bundesministerium des Innern (Hg., 2008): Migration und Integration, S. 41.

130 vgl. ebd., S. 121.

131 vgl. Bundesministerium des Innern (Hg., 2007): Migrationsbericht des Bundesamtes für Migration und Flüchtlinge im Auftrag der Bundesregierung, S. 175.

132 Hierzu zählt insbesondere der Nachweis über die deutsche Volkszugehörigkeit gemäß § 6 BVFG.

133 vgl. Bundesministerium des Innern (Hg., 2007): Migrationsbericht des Bundesamtes für Migration und Flüchtlinge im Auftrag der Bundesregierung, S. 156.

II. Die Kriminalität von Nichtdeutschen nach der PKS

In Abgrenzung zum natürlichen Verbrechensbegriff, der von zu allen Zeiten und in allen Kulturen verwerflichen Handlungen ausgeht, und zum soziologischen Verbrechensbegriff, der auf sozial abweichendes Verhalten schlechthin abstellt, ungeachtet der Tatsache, ob die Handlung unter Strafe gestellt ist oder nicht, wird hier der strafrechtliche Verbrechensbegriff zu Grunde gelegt. Auch wenn der strafrechtliche Verbrechensbegriff unter anderem aus soziologischer Perspektive für die wissenschaftliche Arbeit als unzureichend empfunden wird[134], entspricht er nun einmal der Kriminalität, die in der PKS und in der Regel auch in Dunkelfeldstudien erfasst wird.

1. Allgemeines

Seit der Veröffentlichung des ersten Jahrbuchs der PKS für das Berichtsjahr 1953[135] wird jährlich im Frühjahr die Kriminalstatistik für das vergangene Jahr vom Vorsitzenden der Innenministerkonferenz und dem Bundesminister des Innern vorgestellt. Die PKS ist gemäß ihren Richtlinien eine Zusammenstellung all derjenigen strafrechtlichen Sachverhalte, die der Polizei bekannt geworden sind. Dabei wird sowohl die genaue Art des angezeigten Delikts, als auch der von der Polizei ermittelte Tatverdächtige erfasst. Zu beachten ist, dass in der PKS auch Taten erfasst werden, die von strafunmündigen Kindern oder von schuldunfähigen psychisch Kranken begangen wurden. Die Frage der Schuld ist Angelegenheit der Justiz, nicht der Polizei.[136] Mittlerweile gibt es 421 Schlüsselzahlen[137], die die verschiedenen Delikte nach Strafrechtsnormen in Kategorien einteilen. Seit dem Jahr 1984 wird in der PKS eine „echte Tatverdächtigenzählung" durchgeführt:

> „Werden einem Tatverdächtigen im Berichtszeitraum mehrere Fälle verschiedener Straftatenschlüssel zugeordnet, wird er für jede Gruppe gesondert, für die entsprechenden übergeordneten Straftatengruppen bzw. für die Gesamtzahl der Straftaten hingegen nur einmal gezählt. Die Tatverdächtigen bei den einzelnen Straftaten(gruppen) lassen sich daher nicht zur Gesamtzahl der Tatverdächtigen addieren."[138]

---

134 vgl. Schwind (2006): Kriminologie, S. 4f., § 1 Rn. 6ff.

135 vgl. BKA (Hg., 2007): Polizeiliche Kriminalstatistik 2006, S. II.

136 vgl. ebd., S. 7f.

137 vgl. ebd., S. IV.

138 ebd., S. 19.

So wird die Tatverdächtigenzahl nicht durch Mehrfachzählung überhöht.[139]

Tatverdächtiger ist, wer „nach dem polizeilichen Ermittlungsergebnis aufgrund zureichender tatsächlicher Anhaltspunkte verdächtig ist, eine rechtswidrige (Straf-)Tat begangen zu haben."[140]

Unter der Kategorie „Nichtdeutsche Tatverdächtige" werden Personen mit ausländischer Staatsangehörigkeit, Staatenlose und Personen mit ungeklärter Staatsangehörigkeit zusammengefasst. Personen, die neben der deutschen noch die Staatsangehörigkeit eines anderen Landes besitzen, zählen hingegen als Deutsche.[141]

2. Analyse der PKS

Die Daten für die folgende Analyse sind der PKS zum Berichtsjahr 2006 entnommen. Bei Betrachtungen im Zeitverlauf wird, wenn nicht anders angegeben, als Ausgangsjahr das Jahr 1993 verwendet, da seit diesem Zeitpunkt eine Zählung für das gesamte Bundesgebiet überhaupt erst stattfindet. Es sollen einige der relevanten Angaben in Bezug auf nichtdeutsche Tatverdächtige genauer betrachtet und systematisch dargestellt werden. Dabei besteht kein Anspruch auf Vollständigkeit im Hinblick auf sämtliche in der PKS enthaltenen Informationen zu nichtdeutschen Tatverdächtigen. Der Schwerpunkt besteht darin, anhand einschlägiger Daten bezüglich nichtdeutscher Tatverdächtiger die notwendigen Differenzierungen vorzunehmen und diese darzustellen. Zur Erläuterung der Probleme der PKS bezüglich der Kriminalität von Migranten soll diese Darstellung als Grundlage dienen.

2.1. Nichtdeutsche Tatverdächtige insgesamt

Seit 1993 ist der Anteil der nichtdeutschen Tatverdächtigen an allen Tatverdächtigen stetig gesunken. Im Jahr 1993 waren noch 33,6 % aller Tatverdächtigen Nichtdeutsche. 1995 war der Wert schon um fünf Prozentpunkte gefallen, danach nahm der Anteil jedes Jahr um etwa ein halbes bis ein Prozent ab. Im Berichtsjahr 2006 betrug der Anteil nichtdeutscher Tatverdächtiger 22 %, das entsprach 503 037 Personen. Das heißt, etwa jeder fünfte von der Polizei registrierte Tatverdächtige besaß nicht die

139 vgl. BKA (Hg., 2007): Polizeiliche Kriminalstatistik 2006, S. III.

140 ebd., S. 19.

141 vgl. ebd.

deutsche Staatsangehörigkeit.[142] Seit 1998 sinkt außerdem nicht nur der Anteil nichtdeutscher Tatverdächtiger an allen Tatverdächtigen, sondern auch die absolute Zahl nichtdeutscher Tatverdächtiger jährlich um bis zu 5 %.[143] Da die prozentualen Anteile Durchschnittswerte für die gesamte Bundesrepublik sind, gibt es natürlich lokale Abweichungen. So sind z.B. in Frankfurt am Main über die Hälfte der registrierten Tatverdächtigen Nichtdeutsche, der höchste Wert aller deutschen Großstädte ab 200 000 Einwohnern und der Landeshauptstädte.[144]

2.1.1. Differenzierung nach Straftatengruppen

Was die Gesamtheit der Straftaten betrifft, so sind Nichtdeutsche mit etwas mehr als einem Fünftel beteiligt. Nicht an allen Delikten sind nichtdeutsche Tatverdächtige aber mit gleich großem Anteil vertreten.

Da die Delikte gegen das Aufenthaltsgesetz, das Asylverfahrensgesetz und das Freizügigkeitsgesetz/EU in den meisten Fällen mit illegaler Einreise und dem Aufenthaltsstatus zusammenhängen, ist dort der Anteil an nichtdeutschen Tatverdächtigen mit 95 % naturgemäß extrem hoch. Ansonsten sind Nichtdeutsche vor allem bei den Delikten Urkundenfälschung, Vergewaltigung und sexuelle Nötigung, Begünstigung, Strafvereitelung, Hehlerei und Geldwäsche, bei Raubdelikten sowie bei Totschlag und Mord mit einem besonders hohen Anteil an der Gesamtzahl der Tatverdächtigen registriert. Der Anteil an der Gewaltkriminalität[145] insgesamt liegt mit 24,8 % über dem durchschnittlichen Anteil, ist aber im Vergleich zu den Vorjahren (2005: 25,5 %, 2004: 26,2 %) gesunken.[146]

142 s. Anhang, Tab. 5.

143 s. Anhang, Tab. 5.

144 vgl. BKA (Hg., 2007): Polizeiliche Kriminalstatistik 2006, S. 84.

145 Umfasst Mord, Totschlag und Tötung auf Verlangen, Vergewaltigung und sexuelle Nötigung, Raub, räuberische Erpressung und räuberischer Angriff auf Kraftfahrer, Körperverletzung mit Todesfolge, gefährliche und schwere Körperverletzung, erpresserischer Menschenraub, Geiselnahme, Angriff auf den Luft- und Seeverkehr; vgl. BKA (Hg., 2007): Polizeiliche Kriminalstatistik 2006, S. 16.

146 vgl. BKA (Hg., 2007): Polizeiliche Kriminalstatistik 2006, Tabellenanhang Tab. 61, S. 38. Zu den Vorjahren s. BKA (Hg., 2006): Polizeiliche Kriminalstatistik 2005, Tabellenanhang Tab. 61, S. 38 und BKA (Hg., 2005): Polizeiliche Kriminalstatistik 2004, Tabellenanhang Tab. 61, S. 38.

Tab. 1: Straftatengruppen mit hohen Anteilen Nichtdeutscher an allen Tatverdächtigen[147]

Straftaten(gruppen)	Anteil nichtdeutscher Tatverdächtiger an allen Tatverdächtigen (in %)
Straftaten gegen das Aufenthalts-, Asylverfahrens-, Freizügigkeitsgesetz/EU	95,0
Urkundenfälschung	40,9
Vergewaltigung und sexuelle Nötigung §§ 177 Abs. 2, 3 und 4, 178 StGB	29,6
Begünstigung, Strafvereitelung (ohne Strafvereitelung im Amt), Hehlerei und Geldwäsche	29,4
Raubdelikte (Raub, räub. Erpressung, räub. Angriff)	28,9
Mord und Totschlag	28,0
Gefährliche und schwere Körperverletzung	24,0
Diebstahl unter erschwerenden Umständen	22,4
Straftaten gegen das SprengstoffG, das WaffenG und gegen das KriegswaffenkontrollG	21,5
Straftaten gegen die persönliche Freiheit	21,3

Nicht beachtet wird häufig, dass es auch Delikte gibt, für welche nichtdeutsche Tatverdächtige eher selten registriert werden. Dies ist zum Beispiel bei den Straftatengruppen Veruntreuung (13,4 %), Straftaten gegen die Umwelt (12,7 %), Sachbeschädigung (11,5 %), Brandstiftung und Herbeiführen einer Brandgefahr (10,1 %) sowie für Wettbewerbs-, Korruptions- und Amtsdelikte[148] (6,3 %)[149] der Fall. Aus dem Tabellenanhang der-PKS geht hervor, dass Nichtdeutsche auch bei Insolvenzstraftaten einen

147 nach BKA (Hg., 2007): Polizeiliche Kriminalstatistik 2006, S. 108, T67-neu.

148 Amtsdelikte sind von Amtsträgern begangene Delikte. Gemäß § 11 Abs. 1 Nr. 2 StGB sind Amtsträger unter anderem Beamte. Da Ausländer nicht verbeamtet werden können, scheidet ein Amtsdelikt, das als Beamter begangen wird, vorn vornherein aus.

149 vgl. BKA (Hg., 2007): Polizeiliche Kriminalstatistik 2006, S. 108, T67-neu.

geringen Anteil aufweisen (9,7 %)[150], ebenso wie bei strafrechtlichen Nebengesetzen auf dem Wirtschaftssektor (14,7 %)[151]. Für Wirtschaftskriminalität insgesamt ergibt sich ein Anteil von 14,0 %.[152] Dieser Anteil ist zwar im Vergleich zum Vorjahr gesunken (15,9 %[153]), lag aber im Jahr 2004 bei 13 %.[154]

Bei manchen der genannten Delikte handelt es sich um einzelne Straftaten, bei anderen um Straftatengruppen. Das heißt, sie umfassen Verstöße gegen unterschiedliche Strafrechtsnormen. Mitunter wird vergessen, dass der Anteil an nichtdeutschen Tatverdächtigen für eine bestimmte Straftatengruppe zwar sehr hoch oder sehr niedrig liegen kann, dass aber deshalb zwischen den einzelnen Delikten innerhalb der Gruppe große Schwankungen bestehen können. So liegt zum Beispiel bei der Körperverletzung insgesamt der Anteil bei etwa einem Fünftel[155], bei der Untergruppe schwere und gefährliche Körperverletzung, wie in Tab. 1 ersichtlich, liegt der Anteil über dem Wert für die Straftatengruppe, nämlich etwa einem Viertel. Die Anteile nichtdeutscher Tatverdächtiger an den Delikten Körperverletzung mit Todesfolge und fahrlässige Körperverletzung jedoch liegen bei nur 13,7 % bzw. 8,9 %.[156] Dasselbe gilt für Vermögens- und Fälschungsdelikte, wo Nichtdeutsche einen Anteil von 20,5 % ausmachen. In der Untergruppe Beteiligungs- und Kapitalanlagebetrug liegt der Anteil jedoch bei 8,5 %, bei Grundstücks- und Baubetrug sogar bei nur 5,8 %.[157]

2.1.2. Deliktstruktur deutscher und nichtdeutscher Tatverdächtiger

Die Deliktstruktur der einzelnen Gruppen von Tatverdächtigen, in diesem Fall der deutschen und der nichtdeutschen, gibt Aufschluss darüber, ob bestimmte Delikte im Vergleich zur jeweiligen anderen Gruppe, gemessen an der Gesamtzahl der begangenen Delikte in der jeweiligen

150 vgl. BKA (Hg., 2007): Polizeiliche Kriminalstatistik 2006, Tabellenanhang Tab. 61, S. 23.

151 vgl. ebd., Tabellenanhang Tab. 61, S. 31.

152 vgl. ebd., Tabellenanhang Tab. 61, S. 38.

153 vgl. BKA (Hg., 2006): Polizeiliche Kriminalstatistik 2005, Tabellenanhang Tab. 61, S. 38.

154 vgl. BKA (Hg., 2005): Polizeiliche Kriminalstatistik 2004, Tabellenanhang Tab. 61, S. 36

155 vgl. BKA (Hg., 2007): Polizeiliche Kriminalstatistik 2006, Tabellenanhang Tab. 61, S. 6.

156 vgl. ebd., Tabellenanhang Tab. 61, S. 7.

157 vgl. ebd., Tabellenanhang Tab. 61, S. 17f.

Gruppe, besonders häufig oder besonders selten begangen werden. Hier geht es also nicht um den Anteil nichtdeutscher Tatverdächtiger an allen Tatverdächtigen für bestimmte Deliktgruppen, sondern um die Aufteilung der Tatverdächtigen auf die Delikte innerhalb der Gruppe der Nichtdeutschen und der Deutschen.

Ein deutlicher Unterschied sticht bei den Straftaten gegen das Aufenthaltsgesetz, das Asylverfahrensgesetz und das Freizügigkeitsgesetz/EU ins Auge (0,3 % bei Deutschen gegenüber 17,5 % bei Nichtdeutschen, s. Abb. 3). Ansonsten gleicht sich die Verteilung bei deutschen und nichtdeutschen Tatverdächtigen auf die einzelnen Delikte sehr. Lediglich bei der Sachbeschädigung ist ein nicht unerheblicher Unterschied zu erkennen, auf die bei den Deutschen fast jedes zehnte Delikte entfällt, bei den Nichtdeutschen weniger als jedes zwanzigste. Bei Raubdelikten, Totschlag und Mord sowie bei der gefährlichen und schweren Körperverletzung weisen nichtdeutsche Tatverdächtige einen nur unwesentlich höheren Anteil auf. Dies bedeutet, dass es bis auf die ausländerspezifischen Straftaten und die Sachbeschädigung keine Deliktgruppe gibt, die besonders häufig unter Nichtdeutschen im Gegensatz zu Deutschen begangen wird.

Abb. 3: Aufteilung der Delikte unter deutschen/nichtdeutschen Tatverdächtigen im Vergleich (Anteile in %)[158]

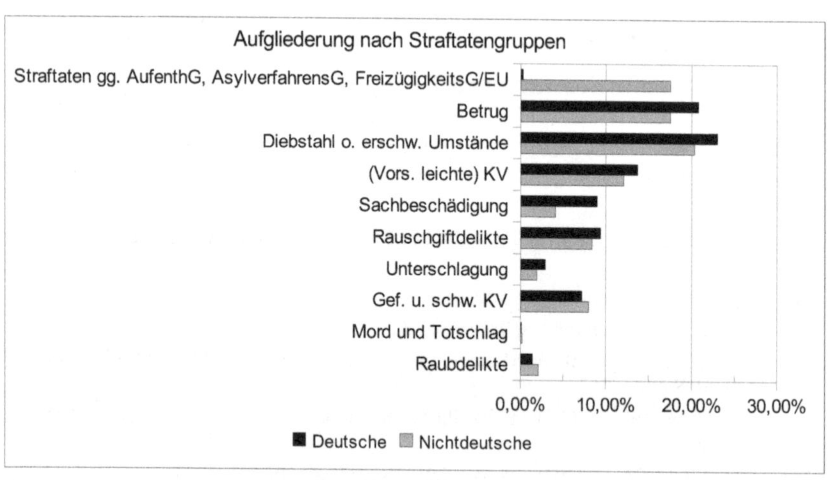

158 genaue Daten s. BKA (Hg., 2007): Polizeiliche Kriminalstatistik 2006, S. 111, T70.

2.2. Alters- und Geschlechtsstruktur nichtdeutscher Tatverdächtiger

Tab. 2: Alters- und Geschlechtsstruktur der deutschen und nichtdeutschen Tatverdächtigen im Vergleich (Bundesgebiet insgesamt, Anteile in %)[159]

	Kinder		Jugendliche		Heranwachsende		Erwachsene		davon: Jungerwachsene		insg.	
	m	w	m	w	m	w	m	w	m	w	m	w
Deutsche	3,3	1,4	9,4	3,7	8,7	2,3	54,0	17,2	9,3	2,5	75,4	24,6
insg.	4,7		13,1		11,0		71,2		11,8		100	
Nichtdeutsche	2,6	0,9	6,8	2,3	7,1	1,8	60,9	17,6	10,4	2,7	77,4	22,6
insg.	3,5		9,1		8,9		78,5		13,1		100	

2.2.1. Altersstruktur

Dass die Kriminalität von Nichtdeutschen insgesamt nach den Daten der PKS abnimmt, wurde bereits dargelegt. Bei der Differenzierung nach Altersgruppen werden die Kategorien Kinder (Alter bis unter 14), Jugendliche (14 bis unter 18), Heranwachsende (18 bis unter 21) und Erwachsene (21 und älter) unterschieden. Zudem wird unter der Kategorie Jungerwachsene angegeben, wie viel Prozent der Erwachsenen sich im Alter von 21 bis unter 25 befinden.

Die Zahlen nichtdeutscher tatverdächtiger Kinder sinken seit Jahren, ihr Anteil an allen tatverdächtigen Kindern beträgt 17,5 %. Der Anteil ist im Vergleich zu 2005 gesunken, bis dahin allerdings im Steigen begriffen gewesen. Nur fast jeder dreißigste nichtdeutsche Tatverdächtige ist ein Kind. Bei den jugendlichen nichtdeutschen Tatverdächtigen ist mit Ausnahme des Jahres 2004 ein Sinken der absoluten Zahlen festzustellen, zuletzt nahm die Zahl sogar um über 5 % ab. Der Anteil an allen tatverdächtigen Jugendlichen lag die letzten Jahre bei um 17 %, im Berichtsjahr 2006 ist der Anteil erstmals auf unter 17 % gefallen. Von allen nichtdeutschen Tatverdächtigen ist weniger als jeder Zehnte im Jugendalter. Bei

159 nach BKA (Hg., 2007): Polizeiliche Kriminalstatistik 2006, S. 73ff.

den heranwachsenden nichtdeutschen Tatverdächtigen sinken seit langer Zeit sowohl die absoluten Zahlen als auch ihr Anteil an allen tatverdächtigen Heranwachsenden. Im Jahr 2006 lag der Anteil erstmals unter 20 %. Etwa jeder Zehnte aller nichtdeutschen Tatverdächtigen ist Heranwachsender. Bei den Erwachsenen ist eine ähnliche Entwicklung festzustellen, wenn auch die absoluten Zahlen vor allem im Vergleich zum Vorjahr nicht so deutlich abnahmen wie in allen anderen Altersgruppen. Auch der Anteil von nichtdeutschen erwachsenen Tatverdächtigen an allen erwachsenen Tatverdächtigen sank erstmals auf unter 24 %. Ihr Anteil an allen nichtdeutschen Tatverdächtigen ist leicht im Steigen begriffen, wenn auch insgesamt prozentual nur wenig. Über drei Viertel aller nichtdeutschen Tatverdächtigen sind Erwachsene.[160]

Bei den deutschen Tatverdächtigen liegt der Anteil der tatverdächtigen Kinder, Jugendlichen und Heranwachsenden an allen deutschen Tatverdächtigen über dem jeweiligen Anteil der nichtdeutschen Tatverdächtigen, bei den Jugendlichen ist der Unterschied am größten. In der Kategorie der Erwachsenen ist das Umgekehrte der Fall. Über drei Viertel der tatverdächtigen Ausländer ist 21 oder älter und fällt damit in die Kategorie der Erwachsenen. Mit 71,2 % sind bei den Deutschen unter drei Viertel der Tatverdächtigen aus der Gruppe der Erwachsenen.

Abb. 4: Anteile der Altersgruppen (in %) – Vergleich von deutschen und nichtdeutschen Tatverdächtigen[161]

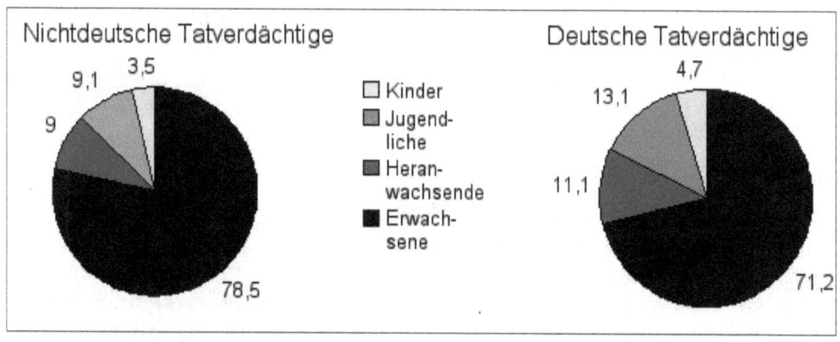

160 s. Anhang, Tabellen 1a, 2a, 3a, 4a.

161 nach BKA (Hg., 2007): Polizeiliche Kriminalstatistik 2006, S. 74ff.

Trotz des Rückgangs der Kriminalität von Nichtdeutschen insgesamt gibt es einzelne Delikte, die häufiger begangen wurden als im Vorjahr/in den Vorjahren. Hier ergeben sich teilweise deutliche Unterschiede zwischen den verschiedenen Altersgruppen.

Das häufigste Delikt unter nichtdeutschen Kindern war 2006 der Ladendiebstahl, über 40 % aller für nichtdeutsche Kinder registrierten Delikte. Hier war ein deutlicher Rückgang zu verzeichnen, ebenso wie bei Rauschgiftdelikten und bei der Brandstiftung, wobei hier deutlich niedrigere Fallzahlen (7272 beim Ladendiebstahl gegenüber 65 bei Rauschgiftdelikten bzw. 161 bei Brandstiftung) vorzuweisen sind. Ein Anstieg ergab sich für die Beleidigung.[162] Bei den nichtdeutschen Jugendlichen war die Körperverletzung (insgesamt) das am häufigsten registrierte Delikt. Jedes vierte fiel in diese Kategorie. Die Anzahl stieg um 1 % im Vergleich zum Vorjahr, wesentlich deutlicher fiel der Anstieg aber bei der Sachbeschädigung aus (+10,9 %).[163] Bei den nichtdeutschen Heranwachsenden war jedes fünfte registrierte Delikt eine Körperverletzung und damit das am häufigsten registrierte. Die absoluten Zahlen sind allerdings im Vergleich zum Vorjahr leicht gesunken. Anstiege gab es hingegen ebenfalls bei der Sachbeschädigung (3 %).[164] Unter den Erwachsenen wurde am häufigsten Betrug und Körperverletzung (insgesamt) begangen, beide Delikte machen fast ein Fünftel aller registrierten Delikte aus. Während die Registrierungen beim Betrug insgesamt gesunken sind, hat die Körperverletzung ein wenig zugenommen. Wesentlich deutlicher war die Zunahme jedoch im Bereich der Straftaten im Zusammenhang mit Urheberrechtsbestimmungen um fast 10 %, bei insgesamt jedoch geringen Fallzahlen.[165]

2.2.2. Geschlechtsstruktur

Wie bei den deutschen Tatverdächtigen macht bei den nichtdeutschen Tatverdächtigen ebenfalls das männliche Geschlecht in allen Alterskategorien einen wesentlich größeren Anteil aus als das weibliche. In den Kategorien Kinder, Jugendliche und Erwachsene sind etwa jeweils dreimal so viele männliche nichtdeutsche Tatverdächtige registriert wie weibliche. Bei den Heranwachsenden ergibt sich ein noch deutlicherer Unterschied. Hier sind etwa viermal so viele männliche Tatverdächtige

162 s. Anhang, Tabelle 1b.

163 s. Anhang, Tabelle 2b.

164 s. Anhang, Tabelle 3b.

165 s. Anhang, Tabelle 4b; zum Teil eigene Berechnungen anhand der vorliegenden Daten.

wie weibliche in der Statistik erfasst. Insgesamt wird bei 22,6 % der nichtdeutschen Tatverdächtigen gegen Personen weiblichen Geschlechts ermittelt. Das ist etwas weniger als bei deutschen weiblichen Tatverdächtigen, die etwa ein Viertel aller deutschen Tatverdächtigen ausmachen.[166]

Der Anteil weiblicher und männlicher nichtdeutscher Tatverdächtiger an allen weiblichen bzw. männlichen Tatverdächtigen variiert je nach Deliktgruppe. So liegt der Anteil männlicher nichtdeutscher Tatverdächtiger an allen männlichen Tatverdächtigen vor allem bei den Gruppen Urkundenfälschung (42,6 %), Strafvereitelung, Hehlerei, Geldwäsche, Begünstigung (31,3 %) sowie Totschlag und Mord (30,3 %) besonders hoch. Auch bei Raubdelikten sowie Vergewaltigung und sexueller Nötigung sind nichtdeutsche männliche Tatverdächtige mit knapp unter 30 % besonders häufig registriert. Eher geringe Anteile ergeben sich für die Sachbeschädigung (11,7 %), Brandstiftung und Herbeiführen einer Brandgefahr (9,8 %) sowie für Wettbewerbs-, Korruptions- und Amtsdelikte (6,1 %).

Abb. 5: Anzahl nichtdeutscher männlicher Tatverdächtiger und deutscher männlicher Tatverdächtiger für bestimmte Deliktgruppen im Vergleich (absolute Zahlen)[167]

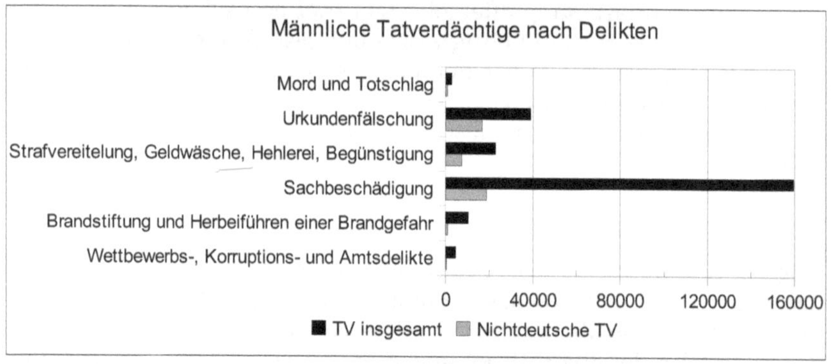

Weibliche nichtdeutsche Tatverdächtige weisen ebenfalls bei der Urkundenfälschung (34,3 %) einen besonders großen Anteil an allen weiblichen Tatverdächtigen auf. Bei sehr geringen Fallzahlen ist auch bei Vergewaltigung und sexueller Nötigung (25,9 %) sowie bei Straftaten gegen das Sprengstoffgesetz, das Waffengesetz und das Kriegswaffenkontrollgesetz (24,6 %) ein großer Anteil zu finden. Mit die niedrigsten Anteile sind bei

166 s. Anhang, Tabelle 7.

167 nach Anhang, Tabelle 8.

den Straftaten gegen die Umwelt (8,9 %), Wettbewerbs-, Korruptions- und Amtsdelikten (7,6 %) sowie der Verletzung der Unterhaltspflicht (6,4 %) zu verzeichnen.

Abb. 6: Anzahl nichtdeutscher weiblicher Tatverdächtiger und deutscher weiblicher Tatverdächtiger für bestimmte Deliktgruppen im Vergleich (absolute Zahlen)[168]

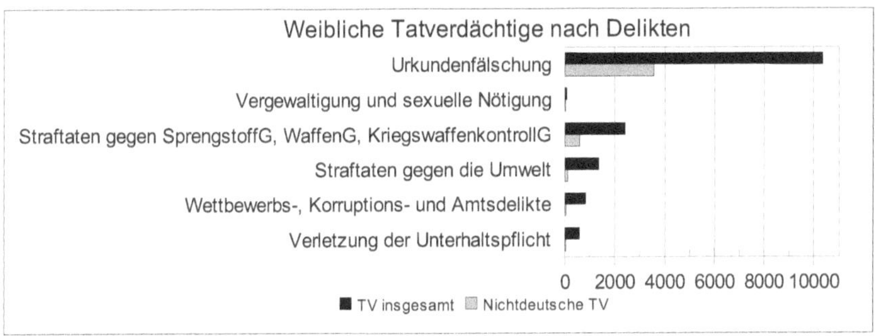

Bei Totschlag und Mord sind sie jedoch nur zu 13,3 % an allen weiblichen Tatverdächtigen vertreten. Ihr Anteil an der Urkundenfälschung liegt zwar, wie bei den Männern, ebenfalls sehr hoch, jedoch deutlich unter deren Anteil an allen männlichen Tatverdächtigen. Delikte, bei denen nichtdeutsche weibliche Tatverdächtige einen höheren Anteil an allen weiblichen Tatverdächtigen als die nichtdeutschen männlichen an allen männlichen aufweisen, sind z.B. Brandstiftung und Herbeiführen einer Brandgefahr (11,3 % gegenüber 9,8 %), Wettbewerbs-, Korruptions- und Amtsdelikte (7,6 % gegenüber 6,1 %) sowie Straftaten gegen das Sprengstoffgesetz, das Waffengesetz und das Kriegswaffenkontrollgesetz (24,6 % gegenüber 21,2 %). Bei der Deliktgruppe Diebstahl ohne erschwerende Umstände[169] machen sowohl männliche als auch weibliche nichtdeutsche Tatverdächtige ein Fünftel an allen in dieser Deliktgruppe registrierten Tatverdächtigen aus. Es ist sowohl unter den männlichen, als auch unter den weiblichen nichtdeutschen Tatverdächtigen nach den ausländerspezifischen Taten eines der am häufigsten registrierten Delikte.[170]

168 nach Anhang, Tabelle 8.

169 Umfasst §§ 242, 247, 248a-c StGB, s. BKA (Hg., 2007): Polizeiliche Kriminalstatistik 2006, Tabellenanhang PKS Straftatenkalalog 2006, S. 3.

170 s. Anhang, Tabelle 8.

2.3. Nationalitäten nichtdeutscher Tatverdächtiger

Tab. 3: Anteil der jeweiligen Nationalitäten an allen nichtdeutschen Tatverdächtigen und an der ausländischen Bevölkerung in Deutschland (in %)[171]

Staatsangehörigkeit	Anteil an den nichtdeutschen Tatverdächtigen in % (2006)	Anteil an der ausländischen Bevölkerung in Deutschland in %
Türkei	21,4	25,8
Serbien und Montenegro	8,1	7,1
Polen	7,0	5,4
Italien	5,0	7,9
Rumänien	3,1	1,1
Russische Föderation	2,9	2,8
Irak	2,2	1,1
Griechenland	2,0	4,5
Ukraine	2,0	1,9

Mit Abstand den größten Anteil aller nichtdeutschen Tatverdächtigen stellen Personen mit türkischer Staatsangehörigkeit. Etwa jeder Fünfte aller nichtdeutschen Tatverdächtigen ist türkischer Nationalität. Staatsangehörige Serbiens und Montenegros repräsentieren den zweitgrößten Teil. Der Abstand ist jedoch sehr groß: weniger als jeder Zehnte nichtdeutsche Tatverdächtige ist aus Serbien oder Montenegro. Mit 7 % aller Tatverdächtigen sind polnische Staatsbürger in etwa gleich häufig wie serbische oder montenegrinische, italienische Staatsbürger machen nur noch 5 % aller nichtdeutschen Tatverdächtigen aus. Der Anteil aller anderen Nationalitäten beträgt nur noch ca. 3 % oder weniger an allen nichtdeutschen Tatverdächtigen.

171 Der Vergleich dient lediglich der Orientierung und soll nicht als Grundlage für Aussagen zu über- oder unterproportionalen Kriminalitätsraten dienen. Zu dieser Problematik s. Punkt III.2.; Daten nach BKA (Hg., 2007): Polizeiliche Kriminalstatistik 2006, S. 112, T71 bzw. Bundesministerium des Innern (Hg, 2008): Migration und Integration, S. 27ff., Stand: 31. Dezember 2006, zum Teil eigene Berechnungen anhand der vorliegenden Daten.

2.3.1. Anteil der Nationalitäten in verschiedenen Deliktgruppen

Die PKS gibt leider nur für ausgewählte Delikte die genauen Anteile bestimmter Nationalitäten an allen nichtdeutschen Tatverdächtigen an.

Besonders auffällig ist der Anteil türkischer Staatsangehöriger an allen wegen Mordes sowie Totschlags und Tötung auf Verlangen tatverdächtigen Nichtdeutschen. Er liegt mit 35,3 % bzw. 30,6 % deutlich über dem Tatverdächtigenanteil bei den Straftaten insgesamt (21,4 %, s. Tab. 3).[172] Dasselbe gilt für die Raubdelikte. Besonders bei Raubüberfällen auf sonstige Zahlstellen und Geschäfte liegt ihr Anteil mit ca. 36 % weit über dem durchschnittlichen Anteil. Auch Tatverdächtige aus Serbien und Montenegro sind, verglichen mit ihrem Gesamtanteil, bei den Raubdelikten insgesamt überrepräsentiert, vor allem beim Handtaschenraub und bei sonstigen Raubüberfällen auf Straßen, Wegen oder Plätzen. Bei allen anderen Nationalitäten liegt der Anteil an den Raubdelikten etwa bei oder unter dem Gesamtanteil.[173] Für die Gewaltkriminalität insgesamt sticht der Anteil türkischer Staatsangehöriger noch deutlicher hervor, da er auch hier über 30 % liegt, gefolgt von Personen aus Serbien und Montenegro, die ca. 7 % ausmachen. Alle anderen Nationalitäten weisen einen geringeren Anteil auf.[174]

Abb. 7: Anteil der Nationalitäten an allen nichtdeutschen Tatverdächtigen für Gewaltdelikte insgesamt (in %)[175]

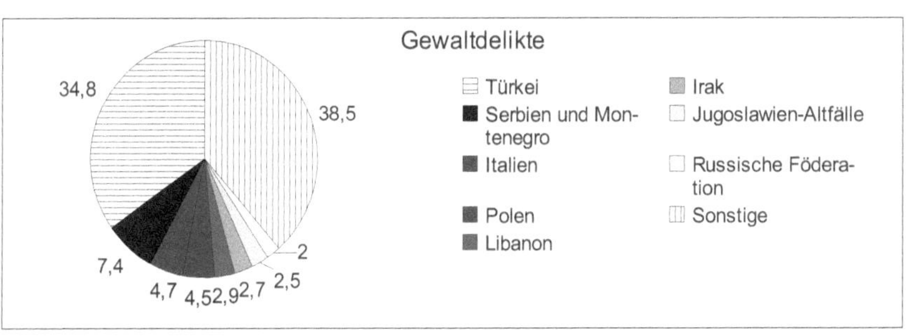

172 s. Anhang, Tab. 10.

173 s. Anhang, Tab. 11.

174 s. Anhang, Tab. 13.

175 nach BKA (Hg., 2007): Polizeiliche Kriminalstatistik 2006, S. 229, T223.

2.3.2. Tatverdächtige aus EU-Staaten

Ein Viertel aller nichtdeutschen Tatverdächtigen stammt aus Staaten der EU, der Anteil an allen, also deutschen und nichtdeutschen Tatverdächtigen, liegt bei 5 %. Über ein Viertel derjenigen Tatverdächtigen, die aus der EU stammen, kommen aus Polen. Rund ein Fünftel sind Personen mit italienischer Staatsangehörigkeit. Zwischen fünf und zehn Prozent aller nichtdeutschen Tatverdächtigen aus EU-Ländern stammen aus Griechenland, Frankreich und Österreich. Zwischen drei und fünf Prozent sind niederländischer, tschechischer, portugiesischer, englischer oder litauischer Herkunft. Alle anderen nichtdeutschen Tatverdächtigen aus EU-Ländern machen weniger als 3 % aller nichtdeutschen Tatverdächtigen aus EU-Ländern aus.[176]

2.4. Nichtdeutsche Tatverdächtige nach Anlass des Aufenthalts

In der PKS werden die nichtdeutschen Tatverdächtigen auch nach ihrem Anlass des Aufenthalts eingeteilt. Dabei werden illegale und legale Nichtdeutsche unterschieden. Unter den Legalen wird eine weitere Kategorisierung in Arbeitnehmer, Asylbewerber, Studenten/Schüler, Touristen/Durchreisende, Gewerbetreibende, Stationierungsstreitkräfte und Angehörige sowie „Sonstige" vorgenommen. Die Gruppe der „Sonstigen" ist eine heterogene Gruppe und setzt sich aus mehreren verschiedenen Untergruppen zusammen. Zu diesen zählen z.B. erwerbslose Nichtdeutsche, nicht anerkannte Asylbewerber mit Duldung, Flüchtlinge und Besucher.

176 vgl. BKA (Hg., 2007): Polizeiliche Kriminalstatistik 2006, S. 114ff.

Tab. 4: Nichtdeutsche Tatverdächtige nach Anlass des Aufenthalts[177]

Anlass des Aufenthalts nichtdeutscher Tatverdächtiger	**Nichtdeutsche Tatverdächtige 2006**	
	absolut	**in %**
Nichtdeutsche Tatverdächtige	503 037	100
davon:		
illegal	64 605	12,8
legal	438 432	87,2
davon:		
Arbeitnehmer	86 518	17,2
Asylbewerber	42 522	8,5
Student/Schüler	40 231	8,0
Tourist/Durchreisender	39 740	7,9
Gewerbetreibender	15 212	3,0
Stationierungsstreitkräfte und Angehörige	3 077	0,6
Sonstige	211 065	42,0

2.4.1. Anteile nach Aufenthaltsgruppe an allen nichtdeutschen Tatverdächtigen

Der Anteil der illegalen Tatverdächtigen an allen nichtdeutschen Tatverdächtigen ist beträchtlich. Jeder Achte nichtdeutsche Tatverdächtige hielt sich 2006 als illegaler Migrant in Deutschland auf. Die größte Personengruppe unter den sich legal in Deutschland aufhaltenden nichtdeutschen Tatverdächtigen ist unter der Kategorie „Sonstige" zusammengefasst. Eine differenzierte Betrachtung der einzelnen Untergruppen, die unter „Sonstige" zusammengefasst werden, ist nicht möglich, wodurch die Aussagekraft dieser Kategorie stark eingeschränkt ist.[178] Dies ist umso

177 nach BKA (Hg., 2007): Polizeiliche Kriminalstatistik 2006, S. 116, T76.

178 vgl. Rebmann (1998): Ausländerkriminalität in der Bundesrepublik Deutschland, S. 126.

bedauerlicher, als dass die Gruppe einen Anteil von 42 % an allen nichtdeutschen Tatverdächtigen ausmacht, die weiter zu differenzieren sicherlich sinnvoll wäre. Die nächst größere Gruppe bilden zwar die Arbeitnehmer, ihr Anteil ist aber mit weniger als 20 % deutlich kleiner als die Gruppe der „Sonstigen". Asylbewerber, Schüler/Studenten sowie Touristen/Durchreisende sind alle in etwa zu gleichen Teilen vertreten. Die Gruppe der Gewerbetreibenden und vor allem der Stationierungsstreitkräfte und Angehörige, die weniger als ein Prozent der nichtdeutschen Tatverdächtigen ausmachen, fallen nicht so sehr ins Gewicht.[179]

Im Zeitverlauf ist festzustellen, dass die Anzahl der illegalen nichtdeutschen Tatverdächtigen seit einigen Jahren sinkt. Im Vergleich zum Vorjahr jedoch war der Unterschied minimal, der Anteil erhöhte sich sogar leicht. Die Anzahl der Asylbewerber sinkt seit Jahren schnell, der Anteil verringert sich konstant. Auch Anzahl und Anteil der nichtdeutschen Arbeitnehmer sinkt seit 2003 leicht. Anteil und Anzahl der nichtdeutschen Tatverdächtigen, die sich als Schüler/Studenten, als Touristen/Durchreisende, als Gewerbetreibende oder als Stationierungsstreitkraft oder deren Angehörige in Deutschland aufhalten, bleibt seit einigen Jahren mehr oder weniger konstant. Allerdings steigt sowohl die Anzahl als auch der Anteil derjenigen nichtdeutschen Tatverdächtigen an, die unter „Sonstige" aufgeführt werden. Ihr Anteil hat sich alleine in den Jahren von 2001 bis 2006 um 13,4 % erhöht.[180]

2.4.2. Deliktstruktur nach Anlass des Aufenthalts

Wie für die Gruppen der nichtdeutschen und deutschen Tatverdächtigen in Punkt II.2.1.2 bereits geschehen, kann die Deliktstruktur auch für die einzelnen Gruppen innerhalb der Nichtdeutschen dargestellt werden. Im Gegensatz zum Vergleich Deutsche/Nichtdeutsche ergeben sich hier durchaus deutlichere Unterschiede.

So wurde gegen nahezu 90 % der illegalen nichtdeutschen Tatverdächtigen wegen eines Verstoßes gegen das Aufenthalts-, das Asylverfahrens- und das Freizügigkeitsgesetz/EU ermittelt. Weiterhin spielt die Urkundenfälschung mit 7,3 % eine Rolle, wenn auch nicht in mit den ausländerspezifischen Delikten vergleichbarem Ausmaß. Bei den Arbeitnehmern ist es vor allem die (vorsätzliche leichte) Körperverletzung, wegen welcher gegen ein Fünftel aller nichtdeutschen tatverdächtigen Arbeitnehmer ermittelt wurde, sowie die Deliktgruppe des Betrugs mit ebenfalls fast einem Fünftel. Gegen mehr als jeden Zehnten wurde außerdem noch

179 vgl. BKA (Hg., 2007): Polizeiliche Kriminalstatistik 2006, S. 116, T76.

180 vgl. ebd.

wegen Diebstahls ohne erschwerende Umstände, gefährlicher und schwerer Körperverletzung und Straftaten gegen die persönliche Freiheit ermittelt. Bei Schülern und Studenten macht der Diebstahl ohne erschwerende Umstände mit mehr als einem Drittel aller Tatverdächtigen den größten Anteil aus. Auch bei Touristen/Durchreisenden liegt der Anteil dieses Delikts bei fast einem Drittel. Bei den Asylbewerbern ist dies ebenfalls das am häufigsten festgestellte Delikt, allerdings dicht gefolgt von den ausländerspezifischen Straftaten. Beide Deliktgruppen machen jeweils etwa ein Viertel aller Straftaten aus. Bei der unter „Sonstige" zusammengefassten Personengruppe ist etwa jeder Fünfte wegen eines Betrugs sowie eines Diebstahls ohne erschwerende Umstände tatverdächtig.[181]

2.4.3. Anteile der Aufenthaltsgruppen an allen Tatverdächtigen

Die Anteile der jeweiligen Gruppen nichtdeutscher Tatverdächtiger an allen Tatverdächtigen (also deutschen und nichtdeutschen) sind, bis auf die Gruppe der „Sonstigen" eher niedrig. Diese allerdings machen fast ein Zehntel aller Tatverdächtigen aus. 4 % sind Arbeitnehmer, alle anderen Gruppen weisen einen Anteil von weniger als 3 % auf.

Tab. 5: Anteile nichtdeutscher Tatverdächtiger nach dem Anlass des Aufenthalts an allen Tatverdächtigen (in %)[182]

			Straftaten insgesamt
Tatverdächtige insgesamt (100 %)			2 283 127
Nichtdeutsche Tatverdächtige	illegal		2,8
	legal, davon	Arbeitnehmer	3,8
		Schüler/Studenten	1,8
		Touristen/Durchreisende	1,7
		Asylbewerber	1,9
		Stationierungsstreitkräfte und Angehörige	0,1
		Gewerbetreibende	0,7
		Sonstige	9,2

181 s. Anhang, Tab. 9.

182 nach BKA (Hg., 2007): Polizeiliche Kriminalstatistik 2006, S. 120, T80, z.T. eigene Berechnungen anhand der Daten aus BKA (Hg., 2007): Polizeiliche Kriminalstatistik 2006, Tabellenanhang Tab. 61, S. 1.

Natürlich schwanken die Anteile für jede Gruppe je nach Delikt(gruppe). Der Übersichtlichkeit halber werden im Folgenden nicht die Anteile an den einzelnen Delikten für jede Gruppe dargestellt, sondern eine zusammenfassende Übersicht anhand der Anteile für Gewaltkriminalität, Wirtschaftskriminalität und Rauschgiftdelikte. Den bereits erwähnten Schwankungen innerhalb der Deliktgruppen wird damit zwar nicht Rechnung getragen, dennoch dient die Darstellung einer groben Orientierung.

2.4.3.1. Gewaltkriminalität[183]

Bei der Gewaltkriminalität liegen die Arbeitnehmer, Schüler/Studenten, Asylbewerber sowie die „Sonstigen" über ihrem durchschnittlichen Anteil. Am deutlichsten äußert sich das bei den Schülern/Studenten, wo der Anteil um 2,2 % nach oben vom durchschnittlichen Anteil abweicht. Die stärkste Abweichung nach unten ist bei den Illegalen festzustellen, die an der Gewaltkriminalität insgesamt nur einen Anteil von 0,4 % ausmachen.

Abb. 8: Nichtdeutsche Tatverdächtige nach dem Anlass ihres Aufenthalts bei Gewaltkriminalität insgesamt (in % aller Tatverdächtigen)[184]

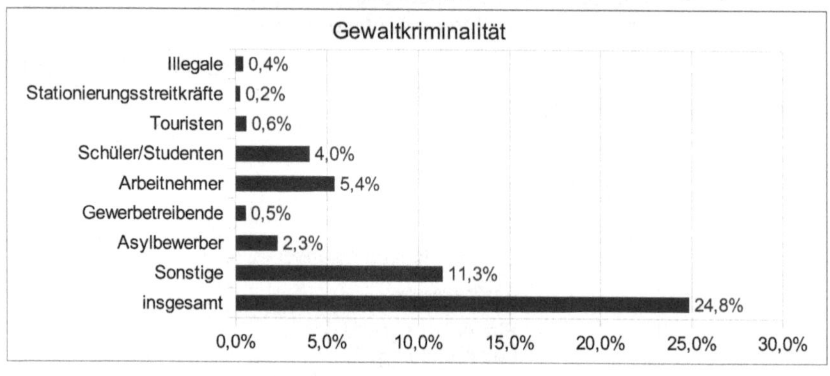

183 Definition s. Fn. 145.

184 Berechnungen nach BKA (Hg., 2007): Polizeiliche Kriminalstatistik 2006, Tabellenanhang Tab. 61, S. 38.

2.4.3.2. Wirtschaftskriminalität

Wie bereits erwähnt, liegt der Anteil nichtdeutscher Tatverdächtiger an der Wirtschaftskriminalität deutlich unter dem Anteil an allen Straftaten. Auch alle Gruppen nach Anlass des Aufenthalts liegen deutlich unter ihrem durchschnittlichen Anteil. Eine Ausnahme bilden die Gewerbetreibenden, deren Anteil mit 4,7 % mehr als sechsmal so hoch wie der durchschnittliche Anteil liegt.

Abb. 9: Nichtdeutsche Tatverdächtige nach dem Anlass ihres Aufenthalts bei Wirtschaftskriminalität insgesamt (in % aller Tatverdächtigen)[185]

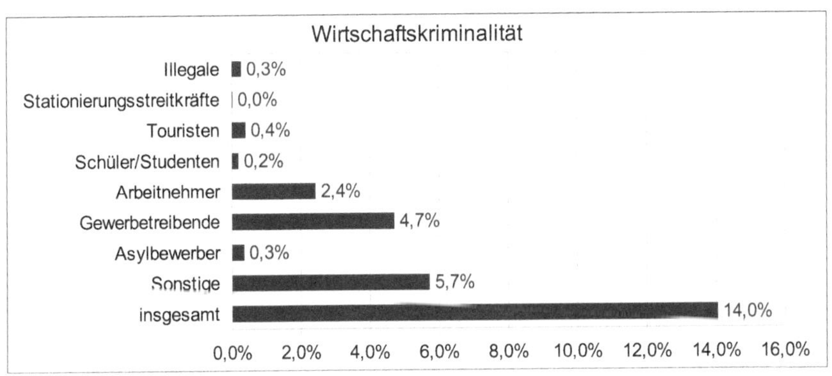

2.4.3.3. Rauschgiftdelikte

Der Anteil aller nichtdeutschen Tatverdächtigen an allen Rauschgiftdelikten entspricht dem durchschnittlichen Anteil nichtdeutscher Tatverdächtiger an allen Delikten. Bei den einzelnen Gruppen ergibt sich einzig für die Touristen/Durchreisende eine erhebliche Abweichung nach oben. Der Anteil ist etwa doppelt so hoch wie ihr Anteil an den Delikten insgesamt. Bei den Illegalen und Schülern/Studenten liegt der Anteil für die Rauschgiftdelikte bei etwa der Hälfte des Gesamtanteils.

185 Berechnungen nach BKA (Hg., 2007): Polizeiliche Kriminalstatistik 2006, Tabellenanhang Tab. 61, S. 38.

Abb. 10: Nichtdeutsche Tatverdächtige nach dem Anlass ihres Aufenthalts bei Rauschgiftdelikten insgesamt (in % aller Tatverdächtigen)[186]

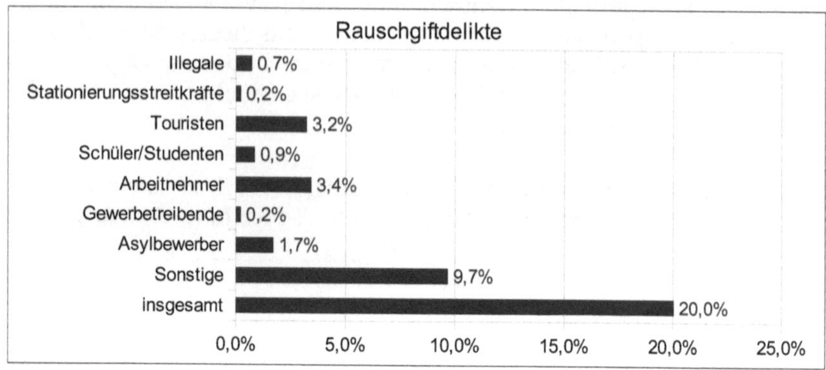

Beispielhaft sei hier noch genannt, für welche speziellen Delikte die jeweilige Gruppe den höchsten Anteil an allen Tatverdächtigen aufweist. Das sind für die Illegalen die ausländerspezifischen Straftaten, gefolgt von der Urkundenfälschung. Für die Arbeitnehmer sind es Vergewaltigung und sexuelle Nötigung vor Straftaten gegen die persönliche Freiheit. Bei Schülern/Studenten ist der Anteil an den Raubdelikten sowie an der gefährlichen und schweren Körperverletzung am höchsten. Touristen/Durchreisende machen sich am stärksten bei Straftaten gegen das Sprengstoffgesetz, das Waffengesetz, Kriegswaffenkontrollgesetz sowie bei der Urkundenfälschung bemerkbar. Die Gruppe der „Sonstigen" wiederum weist einen großen Anteil an ausländerspezifischen Delikten und an der Urkundenfälschung auf.[187]

2.4.4. Anteile der Aufenthaltsgruppen an den insgesamt für sie registrierten Straftaten

Welchen Anteil die jeweiligen Gruppen innerhalb der nichtdeutschen Tatverdächtigen ausmachen, demonstrieren die folgenden Abbildungen zu Gewaltdelikten, Wirtschafts- und Rauschgiftkriminalität.

186 Berechnungen nach BKA (Hg., 2007): Polizeiliche Kriminalstatistik 2006, Tabellenanhang Tab. 61, S. 38.

187 vgl. BKA (Hg., 2007): Polizeiliche Kriminalstatistik 2006, S. 120, T80.

2.4.4.1. Gewaltkriminalität

An allen wegen eines Gewaltdelikts registrierten Nichtdeutschen hat die Gruppe „Sonstige" mit fast der Hälfte den größten Anteil. Ebenfalls häufig sind Arbeitnehmer, Schüler/Studenten und Asylbewerber. Etwa jeder zweite nichtdeutsche Tatverdächtige ist der Kategorie „Sonstige" zugehörig, jeder fünfte den Arbeitnehmern und jeder sechste ist Student oder Schüler.[188]

Abb. 11: Anzahl an Tatverdächtigen der jeweiligen Gruppen. Gesamtzahl: alle nichtdeutschen Tatverdächtigen bei Gewaltkriminalität[189]

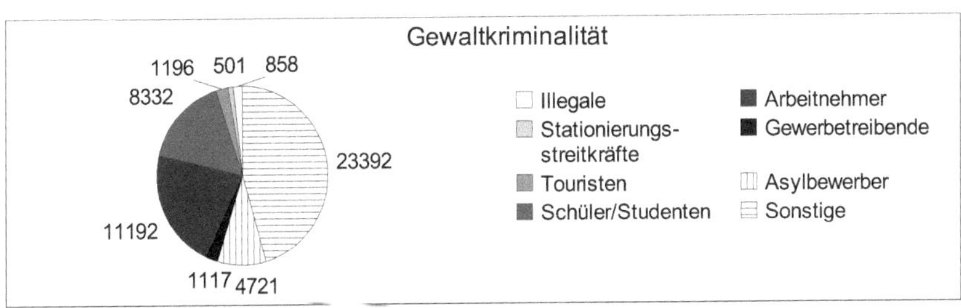

2.4.4.2. Wirtschaftskriminalität

Die Verteilung bei der Wirtschaftskriminalität weicht deutlich von der bei Rauschgift- und Gewaltkriminalität ab. Nicht nur haben die „Sonstigen" einen geringeren Anteil daran, sondern im Gegensatz zu den beiden anderen Gruppen treten die Gewerbetreibenden deutlich in Erscheinung. Illegale, Stationierungsstreitkräfte, Touristen/Durchreisende und Schüler/Studenten spielen, ebenso wie Asylbewerber, fast keine Rolle.

188 s. Anhang, Tab. 12.

189 nach BKA (Hg., 2007): Polizeiliche Kriminalstatistik 2006, Tabellenanhang Tab. 61, S. 38.

Abb. 12: Anzahl an Tatverdächtigen der jeweiligen Gruppen. Gesamtzahl: alle nichtdeutschen Tatverdächtigen bei Wirtschaftskriminalität[190]

2.4.4.3. Rauschgiftdelikte

Bei den Rauschgiftdelikten fällt der vergleichsweise große Anteil an Touristen auf und der vergleichsweise kleine Anteil an Schülern/Studenten. Die sonstige Verteilung ähnelt stark der bei Gewaltkriminalität.[191]

Abb. 13: Anzahl an Tatverdächtigen der jeweiligen Gruppen. Gesamtzahl: alle nichtdeutschen Tatverdächtigen bei Rauschgiftdelikten[192]

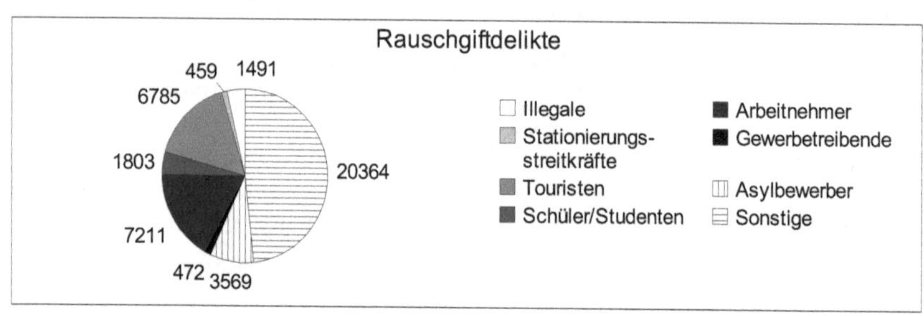

190 nach BKA (Hg., 2007): Polizeiliche Kriminalstatistik 2006, Tabellenanhang Tab. 61, S. 38. Wegen der äußerst geringen absoluten Zahl bleiben Stationierungsstreitkräfte und Angehörige unberücksichtigt.

191 s. Anhang, Tab. 14.

192 nach BKA (Hg., 2007): Polizeiliche Kriminalstatistik 2006, Tabellenanhang Tab. 61, S. 38.

Bei Diskussionen über Anteile dürfen die absoluten Zahlen nicht in Vergessenheit geraten. Für Gewaltkriminalität wurden insgesamt 51 309 nichtdeutsche Tatverdächtige registriert. Für die Rauschgiftdelikte waren es etwas weniger, nämlich 42 154. Bei der Wirtschaftskriminalität hingegen wurden lediglich 5 018 Nichtdeutsche als Tatverdächtige in der PKS registriert[193], das ist etwa ein Zehntel der wegen Gewaltdelikte registrierten Tatverdächtigen.

3. Fazit: Was sagt die PKS über die Kriminalität Nichtdeutscher aus?

Der Anteil Nichtdeutscher an der Gesamtkriminalität ist in Bezug auf die Kriminalität von Migranten einer der meist zitierten Werte aus der PKS und gibt immer wieder Anlass zu Diskussionen, obwohl er sich seit Jahren rückläufig entwickelt. Es wurde jedoch deutlich, dass neben Aussagen anhand dieser Zahl auch einige andere, genauere Aussagen zur Kriminalität der Nichtdeutschen getroffen werden können, wenn die Daten aus der PKS ausführlich analysiert werden. Dies betrifft die Differenzierung nach Straftaten(gruppen), nach Alter und Geschlecht, nach Nationalität und auch nach Aufenthaltsgrund. Auf diese Weise wird deutlicher, welche Gruppen nun genau durch die Registrierung welcher Delikte besonders auffallen. Teilweise existieren dazu keine Übersichtstabellen in der PKS, was zusätzliche Berechnungen erforderlich macht. So werden Vergleiche z.B. dadurch erschwert, dass zwar für ausgewählte Delikte der Anteil von nichtdeutschen Tatverdächtigen nach Aufenthaltsgrund und Staatsangehörigkeit angegeben wird, dies allerdings nicht systematisch erfolgt. Für manche Delikte wird der Anteil nur nach Aufenthaltsgrund[194] angegeben, und für manche weder nach Staatsangehörigkeit, noch nach Aufenthaltsgrund.[195]

Neben den Delikten, bei welchen der Anteil der nichtdeutschen Tatverdächtigen an allen Tatverdächtigen auffällig hoch ist, gibt es Delikte, die nur zu einem sehr geringen Anteil von Nichtdeutschen begangen werden. Grob eingeteilt ergeben sich relativ hohe Anteile für nichtdeutsche Tatverdächtige an der Gewaltkriminalität und niedrigere Anteile an der Wirtschaftskriminalität. Zu beachten sind die Unterschiede zwischen den Gruppen nach Aufenthaltsgrund, z.B. die Bedeutung der Wirt-

---

193 vgl. BKA (Hg., 2007): Polizeiliche Kriminalstatistik 2006, Tabellenanhang Tab. 61, S. 38.

194 z.B. bei Straftaten gegen die persönliche Freiheit, s. BKA (Hg., 2007): Polizeiliche Kriminalstatistik 2006, S. 156ff.

195 z.B. bei Körperverletzungsdelikten und Wirtschaftskriminalität, s. BKA (Hg., 2007): Polizeiliche Kriminalstatistik 2006, S. 148ff bzw. S. 232ff.

schaftskriminalität bei nichtdeutschen tatverdächtigen Gewerbetreibenden. Außerdem gehen diese beiden Deliktsbereiche mit sehr unterschiedlichen verursachten Schäden einher. Sutherland hat den Begriff der *white-collar*-Kriminalität geprägt[196], zu welchem später die *blue-collar*-Kriminalität als Gegenpol gesetzt wurde. Als typische *white-collar*-Kriminalität gilt die Wirtschaftskriminalität, wohingegen Gewaltkriminalität unter die *blue-collar*-Kriminalität fällt. Nach empirischen Befunden verursacht die *white-collar*-Kriminalität einen erheblicheren materiellen Schaden als die *blue-collar*-Kriminalität, auch dann, wenn die Aufwendungen für Polizei, Gerichtsbarkeit und Strafvollzug berücksichtigt werden.[197] Andere Schäden, die nicht unter die materiellen subsumiert werden können, etwa psychische Schäden der Opfer, bleiben hier unberücksichtigt und sind im Falle von Gewaltkriminalität sicherlich größer als bei Wirtschaftskriminalität.

Für bestimmte Delikte wurde, zumindest in bestimmten Altersgruppen, ein Ansteigen der absoluten Zahlen und des Anteils registriert. Die Tatsache, dass auch Strafrechtsänderungen einen Einfluss auf die Registrierung bestimmter Straftaten haben, darf dabei nicht unberücksichtigt bleiben. Auch in der PKS wird darauf hingewiesen.[198] In Bezug auf die Sachbeschädigung könnte dieser Sachverhalt eine Rolle spielen. So trat am 09. September 2005 das 39. Strafrechtsänderungsgesetzes in Kraft, wodurch der Paragraph zur Sachbeschädigung, § 303 StGB, dahingehend geändert wurde, dass auch das Anbringen von Graffitis im Gesetzeswortlaut enthalten ist. Konkret heißt es im neu hinzugefügten Absatz des Paragraphen: „Ebenso wird bestraft, wer unbefugt das Erscheinungsbild einer fremden Sache nicht nur unerheblich und nicht nur vorübergehend verändert."[199] Diese Handlung war zuvor kein gesetzlicher Tatbestand der Sachbeschädigung. Inwiefern sich diese Änderung genau auf die registrierten Delikte ausgewirkt hat, bleibt offen. Da der Tatbestand aber durch die Änderung erweitert wurde, ist nicht ausgeschlossen, dass auch dies ursächlich für die Erhöhung der Registrierungen war.

In den öffentlichen Debatten ist es vor allem die Kriminalität von jungen Migranten, die thematisiert wird[200]. Es darf aber nicht vergessen werden, dass der überwiegende Teil von in der PKS registrierten Straftaten Nicht-

---

196 s. Sutherland (1940): White-collar criminality.

197 vgl. Mehlkop/Becker (2004): Soziale Schichtung und Delinquenz, S. 113, Fn. 19.

198 s. BKA (Hg., 2007): Polizeiliche Kriminalstatistik 2006, S. 7.

199 § 303 Abs. 2 StGB

200 s. z.B. Zitat von Roland Koch, Teil A, S. 23.

deutscher auf Erwachsene entfällt. Der Anteil nichtdeutscher Tatverdächtiger liegt im Durchschnitt zwar bei 22 %, betrachtet man jedoch nur die Erwachsenen, liegt er über diesem Wert (23,7 %), bei den Kindern (17,5 %), Jugendlichen (16,4 %) und Heranwachsenden (18,7 %) darunter.[201]

Unter den fünf größten Nationalitäten-Gruppen, gemessen an ihrem jeweiligen Anteil von Tatverdächtigen an allen nichtdeutschen Tatverdächtigen, befinden sich mit Personen aus der Türkei, Serbien und Montenegro[202] sowie Italien drei der ehemaligen Anwerbeländer. Diese drei Nationalitäten befinden sich auch unter denjenigen, die am häufigsten in der ausländischen Bevölkerung in Deutschland zu finden sind (s. Punkt I.4.3.). Die Tatverdächtigen übriger Anwerbeländer machen 2 % oder weniger an allen nichtdeutschen Tatverdächtigen aus. Immerhin 5 % aller Tatverdächtigen und ein Viertel aller tatverdächtigen Nichtdeutschen kommen aus einem Staat der EU. Dennoch werden in der Debatte um Kriminalität von Migranten EU-Angehörige oft nicht mehr mit einbezogen.[203] Die Darstellungen beschränken sich in den meisten Fällen auf türkische Staatsangehörige, auf Personen aus dem arabischen Raum und auf Osteuropäer. Es bleibt abzuwarten, wie und ob sich der Umgang mit osteuropäischen Tatverdächtigen ändert, wenn, wie größtenteils bereits geschehen, diese Staaten der EU beitreten.

Nicht nur die Unterscheidung nach Nationalitäten trägt zu einer differenzierten Sicht auf die „kriminellen Migranten" bei, sondern auch die Unterscheidung nach Aufenthaltsgrund. Wie in Punkt II.2.4. gesehen, weist die Gruppe der „Sonstigen" den höchsten Anteil an allen Tatverdächtigen auf. Die Gruppe der Arbeitnehmer ist insgesamt gesehen mit dem zweitgrößten Anteil an den registrierten Straftaten beteiligt. Es folgen Asylbewerber, Schüler/Studenten und Touristen/Durchreisende mit weniger als 2 %, sowie Gewerbetreibende und Stationierungsstreitkräfte mit weniger als 1 %. Auffällig sind die deliktgruppenspezifischen Unterschiede in den Anteilen an allen Tatverdächtigen und an allen nichtdeutschen Tatverdächtigen.

Die unter Arbeitnehmer zusammengefassten Tatverdächtigen entsprechen zu einem Teil noch den ehemaligen Gastarbeitern. Die Zahl der sozialversicherungspflichtig beschäftigten Nichtdeutschen ist seit 2001 im Sinken begriffen. Erst seit 2003 jedoch nehmen auch die absoluten

201 s. Anhang, Tab. 6.

202 Anwerbeland Jugoslawien

203 vgl. Walter (2001): Migration und damit verbundene Kriminalitätsprobleme, S. 213.

Zahlen tatverdächtiger nichtdeutscher Arbeitnehmer ab und somit auch deren Tatverdächtigenbelastungszahl.[204] Heute spielt die Kriminalität der Gastarbeiter selbst in der öffentlichen Debatte eine geringere Rolle als noch vor einiger Zeit. Sie wurde verdrängt durch die ihnen nachfolgende zweite und dritte Generation. Schon Anfang der 90er Jahre wurde die These aufgestellt, Gastarbeiter seien sogar geringer kriminalitätsbelastet als Deutsche.[205] Geißler bestätigt diese Annahme zumindest für das Jahr 2002, da der Anteil nichtdeutscher Arbeitnehmer an der Wohnbevölkerung höher ist, als ihr Anteil an den nichtdeutschen Tatverdächtigen.[206] Kritisch anzumerken ist, dass bei der Auswahl der Gastarbeiter solche Personen bevorzugt behandelt wurden, die nicht schon im Herkunftsland durch Straftaten aufgefallen waren.[207] Es muss somit davon ausgegangen werden, dass schon bei der Anwerbung eine systematische Selektion stattgefunden hat. Die Kriminalitätsbelastung für nichtdeutsche Arbeitnehmer ist insbesondere deshalb wichtig, weil sie 84 % der ausländischen Wohnbevölkerung ausmachen.[208] Etwa 5 % der sozialversicherungspflichtig beschäftigten Nichtdeutschen fielen der Polizei im Jahr 2006 als tatverdächtig auf.[209] Wie viele der deutschen sozialversicherungspflichtig Beschäftigten jedoch als Tatverdächtige registriert wurden geht aus der PKS nicht hervor. Ein Vergleich über die Kriminalitätsbelastung von nichtdeutschen und deutschen Arbeitnehmern ist somit nicht möglich.

Im Zusammenhang mit Daten aus der PKS müssen immer auch demographische Entwicklungen berücksichtigt werden. So ist z.B. sicherlich das Sinken der Anzahl tatverdächtiger Asylbewerber zumindest auch darauf zurückzuführen. Wie in Punkt I.4.2.3. gesehen, sinken die Asylbewerberzahlen seit Jahren. Entsprechend entwickeln sich die Tatverdächtigenzahlen in der PKS. Der Anteil der Schüler/Studenten sowie der unter „Sonstige" zusammengefasste Personengruppen steigt in der Bevölkerungsstruktur stetig.[210] Der Anteil der tatverdächtigen Schüler/Studenten bleibt jedoch in der PKS seit einigen Jahren mehr oder weniger konstant,

---

204 vgl. BKA (Hg., 2007): Polizeiliche Kriminalstatistik 2006, S. 121, T81.

205 vgl. Schöch/Gebauer (1991): Ausländerkriminalität in der Bundesrepublik Deutschland, S. 37.

206 vgl. Geißler (2003): Gesetzestreue Arbeitsmigranten, S. 375.

207 vgl. Eisenberg (2005): Kriminologie, S. 832, § 50 Rn. 76.

208 vgl. Geißler (2003): Gesetzestreue Arbeitsmigranten, S. 375.

209 vgl. BKA (Hg., 2007): Polizeiliche Kriminalstatistik 2006, S. 121.

210 vgl. Eisenberg (2005): Kriminologie, S. 862f., § 50 Rn. 61.

der Anteil der „Sonstigen" wird, gemäß der Entwicklung in der Bevölkerung, größer.[211]

Die Daten der PKS lassen, wie zu sehen war, weitaus differenziertere Aussagen zu, als lediglich den Anteil der nichtdeutschen Tatverdächtigen an allen Tatverdächtigen. Es lassen sich spezifische Schlussfolgerungen zu Personen mit verschiedenen Nationalitäten und Aufenthaltsgründen, unterschiedlichen Alters und Geschlechts sowie bezüglich bestimmter Delikte oder Deliktgruppen machen. Über die Kriminalität von Aussiedlern, welche eine sehr bedeutende Migrantengruppe darstellen (s. Punkt I.3.3. und I.4.2.1.), lassen sich anhand der bisher dargestellten Daten keine Angaben machen. Es ist eines der großen Probleme, die die PKS bezüglich der Kriminalität von Migranten mit sich bringt und wird mit den anderen Problemen im folgenden Teil genauer dargestellt werden.

III. Probleme der PKS in Bezug auf Kriminalität von Migranten

Durch die Darstellungen im vorangehenden Teil kann die pauschale Aussage von den „kriminellen Migranten" differenziert werden. Die Probleme der PKS bezüglich der Kriminalität von Migranten allerdings wurden noch nicht berücksichtigt, auch nicht die, auf welche in der PKS selbst hingewiesen wird. Das bedeutet, dass das Bild der Kriminalität von Migranten, wie es bisher gezeichnet wurde, obwohl es ein detailliertes ist, nach wie vor nicht Abbild der Realität ist. Um es dieser weiter anzunähern bedarf es der Berücksichtigung einer Reihe von Aspekten, die im Folgenden dargelegt werden.

1. Nicht von der PKS erfasste Kriminalität von Migranten

Zwei wesentliche Aspekte generellen Charakters, die zu einer Verzerrung der Kriminalitätsstatistiken im Allgemeinen und bezüglich der Kriminalität von Migranten im Besonderen führen, seien zuerst erläutert. Zum einen ist dies das Dunkelfeld der Kriminalität und zum anderen die Einteilung der Tatverdächtigen in der PKS in Deutsche und Nichtdeutsche anhand des Kriteriums Staatsangehörigkeit.

211 Auf die Problematik des Vergleichs von Anteilen an Tatverdächtigen und Anteilen an der Bevölkerung wird ausführlich in Punkt III.2. eingegangen.

1.1. Das Dunkelfeld der Kriminalität

Eisenberg definiert das Dunkelfeld der Kriminalität folgendermaßen:

> „Der Begriff Dunkelfeld bezeichnet die Differenz zwischen der Zahl der auf den Ebenen amtlicher Strafverfolgung registrierten Anzeigen bzw. Straftaten (sog. Hellfeld) und der (mehr oder weniger begründeten) vermuteten Zahl der tatsächlich begangenen Straftaten."[212]

Eine differenziertere Definition ist in den Vorbemerkungen zur PKS selbst zu finden. Hier wird das relative und das absolute Dunkelfeld unterschieden. Das absolute Dunkelfeld umfasst die Kriminalität, welche weder durch die PKS, noch durch Dunkelfelduntersuchungen aufgedeckt werden kann. Das relative Dunkelfeld hingegen ist der Teil der Kriminalität, der zwar nicht in der PKS, aber in Dunkelfeldstudien aufgehellt wird.[213] Das absolute Dunkelfeld wird auch als doppeltes Dunkelfeld bezeichnet. Zur Veranschaulichung dient das so genannte Trichtermodell[214]:

Abb. 14: Zur Veranschaulichung: Dunkel- und Hellfeld der Kriminalität[215]

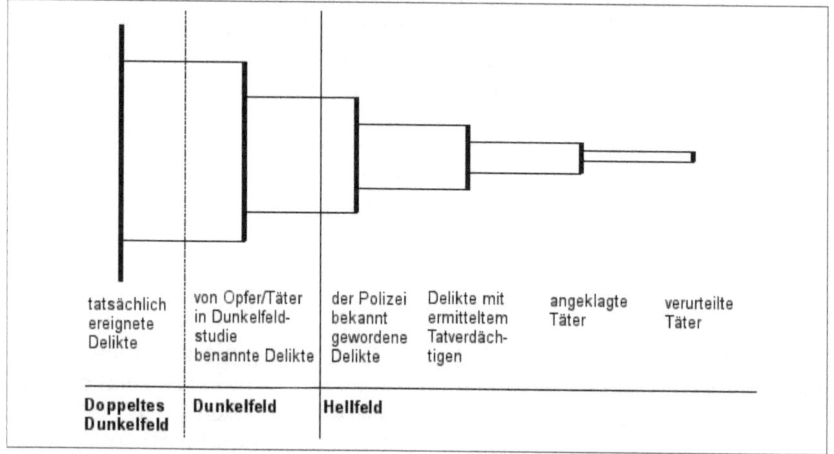

212 Eisenberg (2005): Kriminologie, S. 131, § 16 Rn. 1.

213 vgl. BKA (Hg., 2007): Polizeiliche Kriminalstatistik 2006, S. 8.

214 vgl. Schwind (2006): Kriminologie, S. 55f, § 2 Rn. 83; Albrecht (2006): Kriminologie, S. 156.

215 nach Lüdemann/Ohlemacher (2002): Soziologie der Kriminalität, S. 13.

Das Ausmaß des Dunkelfeldes hängt stark von der Anzeigebereitschaft der Bevölkerung (Punkt III.6.1.) sowie der Kontrolltätigkeit der Polizei (Punkt III.6.2.) ab. Auf diese Problematik wird auch in den Vorbemerkungen der PKS selbst hingewiesen, wo es heißt:

> „Die Aussagekraft der Polizeilichen Kriminalstatistik wird besonders dadurch eingeschränkt, dass der Polizei ein Teil der begangenen Straftaten nicht bekannt wird. Der Umfang dieses Dunkelfeldes hängt von der Art des Deliktes ab und kann sich unter dem Einfluss variabler Faktoren (z.B. Anzeigebereitschaft der Bevölkerung, Intensität der Verbrechenskontrolle) auch im Zeitablauf ändern. Es kann daher nicht von einer feststehenden Relation zwischen begangenen und statistisch erfassten Straftaten ausgegangen werden."[216]

Die Dunkelfeldzifferrelation gibt das Verhältnis von registrierten Delikten zu Delikten im Dunkelfeld an und wird von Schwind insgesamt auf 1:3 geschätzt.[217] Das bedeutet, dass nur etwa ein Viertel aller begangenen Delikte Eingang in die offiziellen Statistiken findet. Die Dunkelfeldzifferrelation schwankt allerdings stark je nach Delikt.[218] Für das generelle Verhältnis zwischen Hellfeld und Dunkelfeld gibt es zwei Hypothesen. Die Hypothese der Konstanz, die auf Quetelet zurückgeht[219], besagt, dass mit einem Steigen der PKS-Zahlen auch ein Steigen der Zahlen im Dunkelfeld einhergeht. Die Additionshypothese basiert auf der Annahme, dass sich Hell- und Dunkelfeld additiv zueinander verhalten. Das heißt, ein Verringern des Hellfelds zieht eine Erhöhung des Dunkelfelds nach sich und umgekehrt. Weder die eine noch die andere Hypothese konnte bisher empirisch bestätigt werden.[220] Vielmehr setzte sich die Erkenntnis durch, dass die Hypothese des konstanten Verhältnisses von bekannt gewordener und unbekannt gebliebener Kriminalität sich nicht bestätigen lässt. Aufgrund dieser Erkenntnis begann die Dunkelfeldforschung an Bedeutung zu gewinnen.[221] Sie wird betrieben, um die Kriminalitätsrealität vor der Erfassung durch die Polizei beschreiben zu können. Außerdem dient sie auch dazu, Erkenntnisse über bestimmte Einstellungen gegenüber Instanzen, z.B. der Polizei, über die Anzeigebereitschaft,

216 BKA (2007): Polizeiliche Kriminalstatistik 2006, S. 7.

217 vgl. Schwind (2006): Kriminologie, S. 56, § 2 Rn. 83.

218 vgl. Schwind et al. (2001): Kriminalitätsphänomene im Langzeitvergleich am Beispiel einer deutschen Großstadt, S. 347.

219 vgl. Heinz (2006): Zum Stand der Dunkelfeldforschung in Deutschland, S. 241.

220 vgl. Jung (2005): Kriminalsoziologie, S. 65.

221 vgl. Eisenberg (2005): Kriminologie, S. 131, § 16 Rn. 3.

Kriminalitätsfurcht und Opfermerkmale (Viktimologie) zu erlangen.[222] War es früher noch das Ziel der Dunkelfeldforschung, die Hellfeldstatistiken zu ersetzen, so ist heute das Bestreben, die im Hellfeld gewonnenen Daten sinnvoll zu ergänzen.[223]

Die Dunkelfeldforschung kennt im Wesentlichen drei Methoden: Die Täterbefragung, die Opferbefragung und die Informantenbefragung.[224] Bei der Täterbefragung werden die in eine Stichprobe Gezogenen gefragt, ob sie Straftaten begangen haben, bei der Opferbefragung, ob sie Opfer einer Straftat geworden seien und bei der Informantenbefragung, ob sie Kenntnisse über Straftaten hätten, die von anderen gegenüber anderen begangen wurden.[225] Zu beachten bleibt stets, dass bestimmte Delikte über Täter- und Opferbefragungen nur sehr schwer oder überhaupt nicht zu erfassen sind. Dazu gehören in der Regel schwere Delikte, Delikte ohne Opfer, vom Opfer nicht bemerkte Delikte und Gefährdungsdelikte[226], sowie Delikte die vom Opfer nicht mehr anzugeben sind, also Tötungsdelikte. Auch innerfamiliäre Delikte zählen häufig zu jenen, welche meist aus Scham auch bei Dunkelfeldstudien nicht angegeben werden.[227] Damit in Zusammenhang steht die Tatsache, dass bei Dunkelfeldforschungen stets nur das erfasst wird, was von den Befragten auch tatsächlich als Delikt betrachtet wird. Dies hängt von persönlichen Bewertungen von Handlungen seitens der Befragten[228] ab. Auch die Verdrängung, die nachträgliche Uminterpretation von Verhaltensweisen sowie das Erinnerungsvermögen verfälschen vor allem bei Täterbefragungen das Ergebnis.

1.2. Die Erfassung der Migranten als Ausländer im rechtlichen Sinne

Dunkelfeldstudien bieten in Bezug auf die Kriminalität von Migranten einen weiteren Vorteil gegenüber der PKS, welcher auf deren Erfassungsregeln zurückzuführen ist. In der PKS wird neben dem Alter und dem Geschlecht der ermittelten Tatverdächtigen auch die Staatsangehörigkeit

222 vgl. Bock (2007): Kriminologie, S. 273, § 16 Rn. 794.

223 vgl. Heinz (2006): Zum Stand der Dunkelfeldforschung in Deutschland, S. 243.

224 In neueren Forschungen werden die Täterbefragungen auch häufig als „Self Reports", die Opferbefragungen als „Victim Surveys" bezeichnet, vgl. Lüdemann/Ohlemacher (2002): Soziologie der Kriminalität, S. 14ff.

225 vgl. Eisenberg (2005): Kriminologie, S. 132, § 16 Rn. 5.

226 vgl. ebd., S. 136, § 16 Rn. 19.

227 vgl. Heinz (2006): Zum Stand der Dunkelfeldforschung in Deutschland, S. 243f., Fn. 11.

228 vgl. ebd., S. 244.

erfasst. Personen mit einer anderen als der deutschen Staatsangehörigkeit werden als Nichtdeutsche erfasst. Das bedeutet, dass in der PKS nicht die Kriminalität von Migranten erfasst wird, sondern die Kriminalität von Ausländern im rechtlichen Sinne. Die beiden Kategorien Ausländer im rechtlichen Sinne und Migrant sind aber, wie in Punkt I.2. gesehen, nicht deckungsgleich.[229] Soll also Kriminalität von Migranten und nicht Kriminalität von Ausländern beschrieben werden, sind die Aussagen der PKS über die Kategorie der Nichtdeutschen unzureichend. Trotzdem wird häufig gerade bei Kriminalität von jungen Migranten, bei denen die Wahrscheinlichkeit, dass sie zumindest auch die deutsche Staatsangehörigkeit besitzen, besonders hoch ist, von Politikern und in den Medien auf die Zahlen der PKS verwiesen.

Zur Erfassung der Kriminalität von Migranten ist ein komplizierteres Verfahren notwendig, um eigene Wanderungen oder Wanderungen der Eltern, mittlerweile sogar der Großeltern, erfassen zu können. Diese aufwendige Differenzierung wird in der PKS nicht gemacht, wohl aber in einigen der Dunkelfeldstudien. Je nach Untersuchung ist hier nicht die Staatsangehörigkeit des potenziellen Täters ausschlaggebend, sondern z.B. die Nationalität der Eltern oder eines Elternteils, die im Familienleben vorherrschende Sprache, sowie auch das Geburtsland der Eltern oder eines Elternteils. Somit werden auch eingebürgerte Migranten und die zweite und dritte Generation separat erfasst. Dies ist insbesondere deshalb von Bedeutung, weil die Einbürgerungszahlen, zumindest was bestimmte Nationalitäten betrifft (s. Punkt I.4.5), beträchtlich sind. Eine Einbürgerung ändert jedoch nichts an der eigenen Migrationserfahrung oder am eigenen Migrationshintergrund und auch nichts daran, ob die betreffende Person von der Bevölkerung als Migrant wahrgenommen wird oder nicht. Besondere Bedeutung erhält die Tatsache der Nichterfassung von Migranten mit deutscher Staatsangehörigkeit im Zusammenhang mit der Kriminalität von Aussiedlern. Diese erhalten die deutsche Staatsbürgerschaft und sind deshalb auch in der PKS als Deutsche erfasst. Sie sind jedoch Migranten und spielen, wie zu sehen sein wird, auch im Bereich der Kriminalität eine Rolle, die gesonderter Betrachtung bedarf. Auch hier sind die Dunkelfeldstudien von großem Nutzen, denn anhand der oben genannten Informationen (Nationalität der Eltern, Geburtsland der Eltern usw.) können auch (Spät-)Aussiedler identifiziert werden. Gerade deren Nichtauftauchen in der PKS bietet Raum zu Spekulationen, Unterstellungen und empirisch nicht gestützten Aussagen.

229 Zu dieser Problematik in Bezug auf Kriminalstatistiken und Dunkelfeldforschung s. Boers et al. (2006): Jugendkriminalität – Keine Zunahme im Dunkelfeld, kaum Unterschiede zwischen Einheimischen und Migranten, S. 76.

„Die Diskussion über die Kriminalität von Aussiedlern wird derzeit von einem diffusen Stimmungsbild beherrscht, das sich aus anklagender Presseberichterstattung, Auflistung spektakulärer Einzelfälle bei Stammtischdiskussionen und wissenschaftlichem Halbwissen zusammensetzt und nährt. Auf der Grundlage dieser Quellen wird ein verschwommenes Puzzle vom rauschgiftsüchtigen Aussiedler gelegt, der außergewöhnlich brutal und mit hoher krimineller Energie belastet eine Vielzahl von Straftaten in Deutschland begeht."[230]

Auch zur Kriminalität von Migranten anderer Herkunft, die ja in Dunkelfeldstudien ebenfalls unabhängig von ihrer derzeitigen Staatsangehörigkeit erfasst werden, liefert die Dunkelfeldforschung wertvolle Erkenntnisse, die teilweise von den Ergebnissen der PKS abweichen, diese aber zumindest ergänzen.

1.3. Dunkelfeldstudien als Informationsquelle für Kriminalität von Migranten – Die KFN-Schülerbefragung

Dunkelfeldstudien sind im Hinblick auf Kriminalität von Migranten also von doppelter Bedeutung. Erstens, da sie nicht angezeigte Straftaten mit einbeziehen und zweitens, da sie nicht nur Ausländer im rechtlichen Sinne, sondern Migranten generell mit einbeziehen. Eine umfangreiche Dunkelfeldstudie soll deshalb im Folgenden vorgestellt werden. Der Schwerpunkt liegt dabei auf der Kriminalität von Aussiedlern, da sie den größten Anteil der eingebürgerten Migranten stellen, über die in der PKS keine Informationen enthalten sind[231] und nicht zuletzt auch, weil gerade jugendliche Aussiedler wegen unterstellter oder tatsächlicher hoher Kriminalitätsbelastung immer wieder in die Schlagzeilen geraten.

Dunkelfeldstudien unterscheiden sich teilweise stark in ihrer Konzeption. Je nach Studie werden unterschiedliche Altersgruppen befragt, die Befragungen in verschiedenen Regionen oder Städten zu meist unregel-

---

230 Luff (2000): Kriminalität von Aussiedlern, S. 188.

231 In der Kriminalstatistik des Landes Bayern werden, wie auch in der von Niedersachsen und Baden-Württemberg, Sonderauswertungen zur Aussiedlerkriminalität gemacht. Die Daten geben zwar keine bundesweit geltenden Ergebnisse wieder, jedoch einen Einblick in die Kriminalitätssituation von Aussiedlern, die durch eine lokal begrenzte Hellfeldstatistik vermittelt wird. Diese Erfassung birgt die selben Probleme wie die PKS insgesamt, weshalb auf eine Darstellung der Ergebnisse verzichtet und statt dessen ausschließlich auf Ergebnisse aus Dunkelfeldstudien eingegangen wird. Zur PKS Bayern, s. Bayerisches Landeskriminalamt (Hg., 2008): Junge Menschen als Tatverdächtige und Opfer von Straftaten.

mäßigen Befragungszeitpunkten durchgeführt und die Variablen auf unterschiedliche Weise operationalisiert. Inwiefern die Ergebnisse als repräsentativ für Deutschland gelten können, ist fraglich.[232] Im Gegensatz zu den meisten anderen Ländern Europas gibt es in Deutschland keine regelmäßig wiederholten Dunkelfeldbefragungen.[233] Die vielen bereits durchgeführten Dunkelfeldbefragungen führen, vor allem was die Kriminalität von Aussiedlern anbelangt, nicht immer zu den gleichen Resultaten.[234] Eine der umfassendsten Dunkelfelduntersuchungen aus den letzten Jahren wurde vom Kriminologischen Forschungsinstitut Niedersachsen durchgeführt. Die Vorteile dieser Studie liegen darin, dass die Autoren das Anliegen hatten, bestimmte Mängel der bereits vorliegenden Studien zu beseitigen.[235] Dazu gehört als erstes die Differenzierung zwischen verschiedenen Gruppen nichtdeutscher Herkunft, was bei einigen Studien nicht möglich ist.[236] Als zweites soll eine sinnvolle Bestimmung des Migrationsstatus erfolgen. In der KFN-Schülerbefragung erfolgt die Erfassung über die ethnische Herkunft der Eltern[237], abgefragt über die Nationalität der Eltern bei Geburt.[238] Es werden sodann die gemäß den Befragungsdaten größten in Deutschland lebenden Nationalitäten-Gruppen unterschieden. Diese sind deutsche, türkische, russische, jugoslawische[239], polnische und italienische Jugendliche. Wie bei den meisten Dunkelfeldstudien wird die Kriminalität junger Menschen untersucht. Dies ermöglicht es, die Studie als Schülerbefragung von Angehörigen der neunten Jahrgangsstufen in verschiedenen Gebieten durchzuführen,

232 s. auch Heinz (2006): Zum Stand der Dunkelfeldforschung in Deutschland, S. 250.

233 vgl. Boers et al. (1999): Jugendkriminalität als Folge sozialer Unterprivilegierung?, S. 10.

234 s. z.B. Naplava (2002): Delinquenz bei einheimischen und immigrierten Jugendlichen im Vergleich. vgl. hierzu Baier/Pfeiffer (2007): Gewalttätigkeit bei deutschen und nichtdeutschen Jugendlichen, S. 8f.

235 vgl. Baier/Pfeiffer (2007): Gewalttätigkeit bei deutschen und nichtdeutschen Jugendlichen, S. 15.

236 So wird z.B. bei der Studie von Mansel/Hurrelmann (1998): Aggressives und delinquentes Verhalten Jugendlicher im Zeitvergleich, nur zwischen Deutschen und Nichtdeutschen unterschieden, aber nicht nach einzelnen Nationalitäten.

237 vgl. Baier/Pfeiffer (2007): Gewalttätigkeit bei deutschen und nichtdeutschen Jugendlichen, S. 13.

238 vgl. ebd., S. 15.

239 Gemeint sind Jugendliche aus den Nachfolgerepubliken Jugoslawiens, vgl. Baier/Pfeiffer (2007): Gewalttätigkeit bei deutschen und nichtdeutschen Jugendlichen, S. 16 Fn. 20.

wodurch eine hohe Rücklaufquote erreicht wird. Die sonst häufig auftretende systematischen Verzerrung durch schwere Erreichbarkeit und Ausfallen der Migranten aus der Stichprobe wird so vermieden. Eine weitere Eigenschaft der meisten bereits durchgeführten Befragungen ist die lokale Begrenztheit.[240] Die KFN-Schülerbefragung jedoch bezieht neun Gebiete in Westdeutschland[241] sowie Thüringen mit ein und ist somit nicht auf einen kleinen Raum beschränkt. Die Auswertungen beziehen sich auf die in Westdeutschland erhobenen Daten, die teilweise als Vollerhebung und teilweise als Stichprobenerhebung durchgeführt wurden. Die in Thüringen erhobenen Daten wurden aufgrund des sehr geringen Migrantenanteils nicht berücksichtigt. Teilgenommen haben Schüler der neunten Klassen sämtlicher Schulformen, mit Ausnahme der Förderschulen und des Berufsvorbereitungsjahrs.[242] Wenn durch die Stichprobenziehung die Grundgesamtheit nicht mehr adäquat repräsentiert wurde, wurden diese Verzerrungen durch statistische Gewichtungen ausgeglichen.[243]

Anhand der Angaben über die Nationalität der Eltern bei Geburt ergaben sich über 80 verschiedene Herkunftsnationalitäten. Der Kategorie Aussiedler bzw. Spätaussiedler wurden Jugendliche zugewiesen, als deren Herkunftsnation in dieser Studie Polen, Russland oder Jugoslawien bzw. Nachfolgestaaten ermittelt wurden.[244] Als Täterbefragung wurde abgefragt, ob und wenn ja, wie häufig in den letzten 12 Monaten eine Körperverletzung, ein Raub, eine Bedrohung mit einer Waffe oder eine Erpressung, sowie Vandalismus und Ladendiebstahl begangen wurde.

240 So bezieht sich z.B. die Studie von Boers et al. (2006): Jugendkriminalität – Keine Zunahme im Dunkelfeld, kaum Unterschiede zwischen Einheimischen und Migranten, ausschließlich auf die Städte Duisburg und Münster.

241 Dortmund, Kassel, München, Oldenburg, Landkreis Peine, Schwäbisch Gmünd, Landkreis Soltau-Fallingbostel, Stuttgart, Lehrte.

242 Inwieweit eine Einbeziehung dieser Schulen das Ergebnis verändert hätte, sei dahingestellt.

243 vgl. Baier/Pfeiffer (2007): Gewalttätigkeit bei deutschen und nichtdeutschen Jugendlichen, S. 13f.

244 Es ist fraglich, ob Jugendliche mit Jugoslawien bzw. Nachfolgestaaten als Herkunftsnation ohne Weiteres als Aussiedler gewertet werden können. Schließlich wurden auch aus Jugoslawien Gastarbeiter angeworben, sodass es sich bei besagten Jugendlichen auch um deren Nachkommen handeln könnte.

1.3.1. Ergebnisse

Tab. 6: Übersicht über die Ergebnisse der KFN-Schülerbefragung – Anteile in % bzw. Mittelwerte. KV: Körperverletzung, fett: höchster Wert, unterstrichen: niedrigster Wert[245]

Gruppe	KV	Raub	mit Waffe bedrohen	Erpressung	mind. eine Gewalttat	mind. 5 Gewalttaten	Anzahl Gewalttaten	Alter erste KV	mind. eine KV in Schule
Deutsch	19,1	3,2	2,7	1,1	20,7	4,1	4,4	11,0	34,6
Türkisch	**37,5**	7,7	5,5	2,9	**38,7**	**13,2**	6,1	11,4	41,5
Russisch	31,0	7,3	4,6	2,7	34,0	8,4	4,9	11,3	36,8
Jugosl.	31,3	**8,3**	**6,3**	**4,9**	32,8	11,5	6,2	10,8	39,7
Poln.	34,4	8,0	4,6	2,3	34,2	9,1	**7,4**	11,2	**42,8**
Ital.	29,7	4,0	2,6	1,3	30,3	7,9	6,6	**11,9**	36,2
Andere	26,5	4,8	3,7	2,2	27,5	7,5	5,0	11,2	36,1
Gesamt	23,6	4,4	3,4	1,7	25,1	6,1	5,1	11,1	36,1

Für die männlichen Befragten ergab sich für die Körperverletzung, dass alle Gruppen signifikant gewalttätiger sind als die Gruppe der Deutschen. Den höchsten Wert weisen türkische Migranten auf, gefolgt von polnischen, jugoslawischen und russischen.

Der Indikator „mindestens eine Gewalttat verübt" dient als Zusammenfassung der einzeln abgefragten Delikte und gibt Aufschluss über die Gewaltprävalenz[246]. Etwa ein Drittel der Befragten aus den jeweiligen Aussiedlernationen gibt an, mindestens eine Gewalttat begangen zu haben, nur unter den türkischen Migranten bejaht diese Frage ein noch etwas größerer Teil. Alle anderen Gruppen liegen bei ca. 30 % oder weni-

245 Baier/Pfeiffer (2007): Gewalttätigkeit bei deutschen und nichtdeutschen Jugendlichen, S. 19.

246 „Prävalenzraten drücken aus, welcher Anteil an Jugendlichen überhaupt in den letzten 12 Monaten ein bestimmtes Delikt getan hat. Inzidenzraten berücksichtigen darüber hinaus, wie häufig etwas getan wurde." Baier/Pfeiffer (2007): Gewalttätigkeit bei deutschen und nichtdeutschen Jugendlichen, S. 8 Fn. 8.

ger, die Gruppe der deutschen Jugendlichen weist mit einem Fünftel den niedrigsten Wert auf. Dasselbe Bild ergibt sich für die Frage nach fünf oder mehr Gewalttaten. Diese Ergebnisse bedeuten, dass sich sowohl unter den Türken, als auch unter den Migranten aus Aussiedlernationen häufiger als unter den Deutschen Gewalttäter finden. Auch die Ergebnisse der Opferbefragung lassen die Folgerung zu, dass türkische und russische Jugendliche gemessen an ihrem Anteil unter allen Jugendlichen unter den Tätern überrepräsentiert sind. Bei türkischen Jugendlichen liegt der Anteil an den Tätern viermal so hoch wie ihr Anteil an allen Jugendlichen.[247]

Für andere Delikte als Gewaltdelikte sind beispielhaft Ladendiebstahl und Vandalismus aufgeführt. Die Unterschiede zu den Deutschen fallen wesentlich geringer aus, wenngleich der Unterschied zwischen deutschen Jugendlichen und russischen bzw. polnischen Jugendlichen sowohl beim Vandalismus als auch beim Ladendiebstahl signifikant ist.[248]

Bei Betrachtung der jugendlichen Mädchen allerdings kehren sich die Unterschiede um, so dass deutsche Mädchen häufiger als Mädchen manch anderer ethnischer Herkunft Vandalismus oder Ladendiebstahl begehen. Bei den Gewaltdelikten jedoch liegt der Anteil insbesondere der jugoslawischen Mädchen signifikant über dem der deutschen.

Bei einem Vergleich der aktuellen mit den älteren Befunden fällt auf, dass die Gewalttätigkeit Deutscher deutlicher abnimmt als die der Nichtdeutschen. Die Autoren gehen davon aus, dass die Gewaltkriminalität nichtdeutscher Jugendlicher zudem noch häufiger verschwiegen wurde, da eine Antwortverweigerung auf die betreffenden Fragen unter Nichtdeutschen deutlich öfter vorkam als unter den Deutschen.[249] Es sind neben den türkischen Jugendlichen vor allem russische, die wegen ihrer Gewalttätigkeit auffallen. Somit bilden auch Aussiedler, zu denen in der PKS keine Daten zu finden sind, eine hinsichtlich ihrer Kriminalitätsbelastung relevante Gruppe.[250]

---

247 vgl. Baier/Pfeiffer (2007): Gewalttätigkeit bei deutschen und nichtdeutschen Jugendlichen, S. 22f.

248 vgl. ebd., S. 23.

249 vgl. ebd., S. 24f.

250 Bestätigt werden diese Ergebnisse z.B. durch die Studien von Grundies (2000): Kriminalitätsbelastung junger Aussiedler: ein Längsschnittvergleich mit in Deutschland geborenen jungen Menschen anhand polizeilicher Registrierungen; Luff (2000):Kriminalität von Aussiedlern. Polizeiliche Registrierungen als Hinweis auf misslungene Integration?

1.3.2. Probleme

Auch Dunkelfeldstudien bergen jedoch gewisse Probleme. Im Prinzip wird nämlich nicht das soziale Handeln an sich abgefragt, sondern die Deutungen desselben werden ausgewertet. Diese Deutungen werden dann als tatsächliche Handlungen dargestellt.[251] Hermann/Weninger weisen außerdem auf das Dunkelfeld in Dunkelfelduntersuchungen hin. Ihre eigene Untersuchung legt die Annahme nahe, dass auch in Täter- und Opferbefragungen nicht sämtliche Delikte angegeben werden. Insbesondere bei der Frage nach selbst begangenen Straftaten sei nicht immer Validität gewährleistet.[252] Auch das Interesse der Befragten daran, sich selbst als Opfer oder Täter darzustellen, kann zu Verzerrungen führen.[253] Unter anderem darin könnte auch der Grund dafür liegen, dass andere Dunkelfeldstudien zu einem komplett anderen Ergebnis kommen. Danach ergeben sich keine Unterschiede hinsichtlich der Kriminalitätsbelastung zwischen Deutschen und Nichtdeutschen sowie zwischen Deutschen und Aussiedlern.[254]

Die Kriminalität von Migranten wird in der PKS also durch eine Art doppeltes Dunkelfeld verzerrt. Das eine Dunkelfeld ergibt sich aus der generellen Problematik nicht bekannt gewordener Straftaten, das andere aus dem Nicht-Erfassen von Migranten deutscher Staatsangehörigkeit. Dunkelfeldstudien können beide Probleme entschärfen und somit ein vollständigeres Bild der Kriminalität von Migranten liefern.

2. Das Miteinbeziehen bestimmter Gruppen von Ausländern

Wirkliche Aussagekraft erhalten Daten über Kriminalität einer bestimmten Bevölkerungsgruppe erst dann, wenn eine Belastungsziffer errechnet werden kann. Dies ist die so genannte Tatverdächtigenbelastungszahl (TVBZ), welche die Zahl der ermittelten Tatverdächtigen pro 100 000 Einwohner der jeweiligen Bevölkerungsgruppe angibt. Kinder unter acht Jahren bleiben unberücksichtigt. Hier ist nicht nur das Dunkelfeld der

251 vgl. Bukow (2008): Kriminalisierung als gouvernementales Instrument von Einwanderungspolitik, S. 160.

252 vgl. Hermann/Weninger (1999): Das Dunkelfeld in Dunkelfelduntersuchungen, S. 764.

253 vgl. Brüchert (2000): Die Ausländerkriminalität sinkt nicht!, S. 6.

254 s. z.B. Boers et al. (2006): Jugendkriminalität – Keine Zunahme im Dunkelfeld, kaum Unterschiede zwischen Einheimischen und Migranten; Naplava (2003): Selbstberichtete Delinquenz einheimischer und immigrierter Jugendlicher im Vergleich: eine Sekundäranalyse von Schulbefragungen der Jahre 1995-2000; Strobl/Kühnel (2000): Dazugehörig und ausgegrenzt.

Kriminalität zu beachten, sondern auch das Dunkelfeld der Bevölkerungsstatistik.[255] Es gibt bestimmte Personengruppen, die nach den Erfassungsregeln nicht in der Bevölkerungsstatistik enthalten sind. Als erste Gruppe sind hier die Illegalen zu nennen. Außerdem zählen dazu auch ausländische Durchreisende und Touristen, die sich unter Umständen auch längere Zeit in Deutschland aufhalten, aber dennoch nicht zur Wohnbevölkerung zählen. Des Weiteren sind Stationierungsstreitkräfte und deren Angehörige nicht Bestandteil der Bevölkerungsstatistik, ebenso wenig wie grenzüberschreitende Berufspendler. Gerät aber eine Person einer dieser Gruppen in polizeilichen Tatverdacht, so geht sie als nichtdeutscher Tatverdächtiger in die PKS ein.

Für das Berichtsjahr 2006 wurden in der PKS 64 605 illegale Tatverdächtige, 39 740 tatverdächtige Durchreisende oder Touristen, sowie 3 077 tatverdächtige Stationierungsstreitkräfte oder deren Angehörige erfasst. Illegale, Durchreisende und Touristen sowie Stationierungsstreitkräfte und deren Angehörige machen insgesamt 21,3 % aller nichtdeutschen Tatverdächtigen aus. Auch ihr Anteil an allen Tatverdächtigen insgesamt ist mit 5 % nicht zu vernachlässigen. Wie in Punkt III.2.1. gesehen, liegt der Anteil nichtdeutscher Tatverdächtiger an allen Tatverdächtigen bei 22 %. Ihr Anteil an der Wohnbevölkerung liegt bei etwa 9 % (Punkt I.4.). Setzt man diese beiden Anteile in Relation zueinander, so scheinen nichtdeutsche Tatverdächtige erheblich überrepräsentiert zu sein. Die eben geschilderte Verzerrung wird dabei jedoch nicht beachtet.

Um diesen Fehler zu umgehen, gibt die PKS für nichtdeutsche Tatverdächtige keine Tatverdächtigenbelastungszahlen an. Berechnungen hierfür erfolgen lediglich für deutsche Tatverdächtige. Auf die Schwierigkeiten eines Vergleichs aufgrund der Wohnbevölkerungsstatistik wird ausdrücklich hingewiesen.[256] Dennoch wird diesem Umstand in der Praxis nicht immer Rechnung getragen. Die Anteile der nichtdeutschen Tatverdächtigen an allen Tatverdächtigen auf Grundlage der PKS wird mit dem Anteil Nichtdeutscher an der Wohnbevölkerung in Relation gesetzt, ohne das Dunkelfeld der Bevölkerungsstatistik zu berücksichtigen. Dies führt zu einer zum Nachteil der Nichtdeutschen verzerrten Darstellung der Kriminalitätsbelastung.

Im Prinzip ist dies kein direkter Fehler der PKS. Schließlich wird dort ausdrücklich auf mögliche Verzerrungen bei Berechnung der TVBZ hingewiesen. Der Tatsache aber, dass eine verzerrte TVBZ vor allem in den Medien oft genannt wird, könnte dadurch vorgebeugt werden, dass die

255 vgl. BKA (Hg., 2007): Polizeiliche Kriminalstatistik 2006, S. 14.

256 s. ebd., S. 105.

genannten Bevölkerungsgruppen, die definitiv nicht in der Wohnbevölkerungsstatistik erfasst sind, nochmals unter Hinweis darauf separat aufgeführt werden. Selbst dann ist die TVBZ nicht völlig korrekt, da die Daten der gemeldeten ausländischen Bevölkerung in der fortgeschriebenen Bevölkerungsstatistik generell unzuverlässig sind.[257]

3. Die (Nicht-)Berücksichtigung bestimmter Straftatengruppen

In der PKS werden zwar die meisten Straftaten erfasst, jedoch nicht alle. Neben Ordnungswidrigkeiten bleiben so politisch motivierte Kriminalität (Staatsschutzdelikte), sämtliche Verkehrsdelikte außer den §§ 315, 315b StGB und § 22a StVG, alle Taten, die außerhalb der BRD begangen wurden und Verstöße gegen strafrechtliche Landesgesetze (außer den Datenschutzgesetzen der Länder) unberücksichtigt.[258] Durch das Nichterfassen der Verkehrsdelikte gehen auch Verstöße gegen Bestimmungen zur Aufrechterhaltung der Sicherheit im Straßen-, Bahn-, Schiffs- und Luftverkehr, sämtliche Fahrlässigkeitsdelikte, die durch Verkehrsunfälle bedingt wurden, die Unfallflucht und auch Verstöße gegen das Pflichtversicherungsgesetz und das KFZ-Steuergesetz (in Verbindung mit § 370 AO)[259] nicht in die PKS ein. Zur groben Orientierung über die Größenordnung dieser Delikte dienen einige Angaben aus dem Jahr 2003: Allein wegen fahrlässiger Körperverletzung im Straßenverkehr wurden 20 146 Personen verurteilt, wegen unerlaubtem Entfernen vom Unfallort waren es 31 045.[260]

Delikte gegen das Aufenthaltsgesetz, das Asylverfahrensgesetz und das Freizügigkeitsgesetz/EU allerdings werden erfasst. Dies sind Delikte, welche aufgrund ihrer Tatbestandsmerkmale fast ausschließlich von Ausländern überhaupt begangen werden können. Die PKS weist neben der Gesamtzahl der nichtdeutschen Tatverdächtigen immer auch die Zahl der Tatverdächtigen abzüglich derer, gegen welche wegen eines solchen ausländerspezifischen Deliktes ermittelt wurde, aus. Es handelt sich damit um eine leicht bereinigte Statistik. Gemäß dieser sinkt der Anteil der nichtdeutschen Tatverdächtigen von 22 % um 2,6 % auf 19,4 %. Obwohl auf diese Problematik in der PKS selbst hingewiesen wird, finden in der Praxis häufig die unbereinigten Zahlen Anwendung. Mag der Unterschied insgesamt von um diesen Faktor unbereinigten zu den bereinigten Daten noch eher klein sein, so führt eine Bereinigung der Daten

257 vgl. BKA (Hg., 2007): Polizeiliche Kriminalstatistik 2006.

258 vgl. ebd., S. 8.

259 vgl. ebd., S. 20.

260 vgl. Albrecht (2005): Kriminologie, S. 309.

für bestimmte Migrantengruppen oder Nationalitäten zu deutlich anderen Ergebnissen. Erwartungsgemäß niedrig liegen die Anteile ausländerspezifischer Straftaten bei Nichtdeutschen aus Staaten der Europäischen Union, da diese innerhalb der EU Freizügigkeit genießen und ein illegaler Grenzübertritt oder ein illegaler Aufenthalt im Grunde überhaupt nicht möglich ist, anders als für Personen aus Drittstaaten. So liegt der Anteil von wegen eines ausländerspezifischen Delikts Tatverdächtigen an allen Tatverdächtigen der jeweiligen Nationalität bei Italienern bei nur 0,8 %, bei Griechen bei einem Prozent. Auch bei den Polen ist dieser Anteil seit dem Beitritt zur EU auf jetzt 1,7 % gesunken. Selbst bei türkischen Staatsangehörigen liegt der Anteil nur bei 8,6 %. Bei Tatverdächtigen der anderen Staatsangehörigen, bei denen der Anteil an den nichtdeutschen Tatverdächtigen insgesamt über 3 % liegt, verstößt ein immens hoher Anteil gegen ausländerspezifischen Vorschriften. So wurde gegen ein Fünftel der Serben und Montenegriner wegen ausländerspezifischer Delikte ermittelt, gegen ein Viertel der Tatverdächtigen aus der Russischen Föderation, über ein Viertel aus Irak, fast die Hälfte aus der Ukraine und knapp über die Hälfte der Tatverdächtigen aus Rumänien. Für Vietnam, Bulgarien[261] und die Volksrepublik China liegt zwar der Anteil der Tatverdächtigen an allen nichtdeutschen Tatverdächtigen ohnehin schon sehr niedrig. Erwähnenswert ist dennoch, dass hier die ausländerspezifischen Delikte mit Ausnahme Vietnams (49,5 %) mehr als 60 % ausmachen.[262]

Welche Auswirkungen das Erfassen der ausländerspezifischen Straftaten für bestimmte Gruppen nichtdeutscher Tatverdächtiger nach Aufenthaltsgrund hat, ging aus Punkt II.2.4.2., Deliktstruktur nach Anlass des Aufenthalts, hervor.

4. Die räumliche Verteilung: Stadt-Land-Differenz

Migration ist überwiegend auf großstädtische Räume bezogen.[263] Das macht sich darin bemerkbar, dass mehr als 80 % der Ausländer in Städten mit mehr als 100 000 Einwohnern leben.[264]

In der PKS sind Häufigkeitszahlen für verschiedene Deliktgruppen nach unterschiedlichen Gemeindegrößen aufgeführt. Die Häufigkeitszahl gibt

261 Durch den Beitritt zur EU im Jahr 2007 dürfte sich die Situation für Bulgaren deutlich geändert haben.

262 vgl. BKA (Hg., 2007): Polizeiliche Kriminalstatistik 2006, S. 113, T72.

263 vgl. Albrecht (2001): Migration und Kriminalität, S. 199.

264 vgl. Schwind (2006): Kriminologie, S. 489, § 24 Rn. 15a.

an, wie viele Fälle pro 100 000 Einwohner für das jeweilige Delikt registriert wurden. Für die Gesamtzahl der begangenen Delikte ergibt sich für Großstädte ab 500 000 Einwohnern eine Häufigkeitszahl von über 13 000. Für Gemeinden unter 20 000 Einwohnern hingegen liegt sie bei etwa 4 500. Auch in fast allen Einzeldeliktsbereichen liegt die Häufigkeitszahl in Städten ab 500 000 Einwohner am höchsten, in denen bis 20 000 Einwohner am niedrigsten. Besonders ausgeprägt ist der Unterschied bei den Raubdelikten. Die Häufigkeitszahl liegt in den Städten mit über 500 000 Einwohnern mit 173 mehr als achtmal so hoch wie in Städten mit bis zu 20 000 Einwohnern. Ausnahmen bilden z.B. Verstöße gegen die Umwelt oder die Verletzung der Unterhaltspflicht, wo die Häufigkeitszahl in den kleineren Städten höher liegt.

Die Gründe für die höheren Häufigkeitszahlen in Großstädten sind vielfältig. Als erstes ist zu nennen, dass auf dem Land schlicht die Gelegenheiten, eine Straftat zu begehen, nicht so häufig sind, wie in der Stadt. Außerdem findet durch die Anonymität des Zusammenlebens in der Stadt dort seltener eine informelle Sozialkontrolle als auf dem Land statt. Die Hemmschwelle, jemanden bei der Polizei anzuzeigen, wird durch die meist persönliche Bekanntschaft auf dem Dorf (soweit Tatverdächtigenwohnsitz und Tatort identisch sind[265]) größer sein als in der Stadt. In der Stadt wird schneller auf die formellen Konfliktlösungen zurückgegriffen. Auch die Kontrolldichte spielt hier eine große Rolle. Während Polizeistreifen und groß angelegte Kontrollen und Razzien in einer Großstadt keine Seltenheit sind, ist die Polizeipräsenz auf dem Land doch eher gering. Dies führt zu einer weiteren Tatsache praktischer Art, welche die Anzeigehäufigkeit auf dem Land geringer halten könnte, nämlich die schlechtere Erreichbarkeit von Polizeidienststellen.[266]

Insofern zieht also das Leben in der Großstadt sowohl eine höhere Wahrscheinlichkeit, eine kriminelle Tat zu begehen, als auch eine höhere Wahrscheinlichkeit, als Tatverdächtiger registriert zu werden, nach sich. Bei den Nichtdeutschen gibt es keine große, weniger

265 Bei allen Delikten außer Urkundenfälschung, Wettbewerbs-, Korruptions- und Amtsdelikten, Verletzung der Unterhaltspflicht und Straftaten gegen Aufenthaltsgesetz, Asylverfahrensgesetz und Freizügigkeitsgesetz/EU begingen mehr als die Hälfte der Tatverdächtigen die Tat in der Gemeinde des Wohnsitzes, vgl. BKA (Hg., 2007): Polizeiliche Kriminalstatistik 2006, S. 122, T83a.

266 vgl. Schwind (2006): Kriminologie, S. 29, § 2 Rn. 22.; zur Kriminalgeographie insgesamt vgl. Schwind (2006): Kriminologie, S. 306ff., § 15; Bock (2007): Kriminologie, S. 52, Rn. 141f.; Shaw/McKay (1948): Juvenile Delinquency and Urban Areas.

kriminalitätsbelastete Landbevölkerung, die den höheren Anteil an Kriminalität in den Städten im Durchschnitt ausgleichen könnte.[267]

5. Die Geschlechts-, Alters- und Sozialstruktur der deutschen und nichtdeutschen Bevölkerungsgruppen im Vergleich und der Einfluss der Unterschiede auf die Kriminalitätsbelastung

Als Argument dafür, dass die Kriminalitätsbelastung der Deutschen nicht ohne Weiteres mit derjenigen der Nichtdeutschen verglichen werden kann, werden stets die unterschiedlichen Alters-, Geschlechts- und Sozialstrukturen angeführt. Zwei Voraussetzungen müssten gegeben sein, wenn tatsächlich eine Nichtvergleichbarkeit der deutschen und der nichtdeutschen Bevölkerung hinsichtlich der Kriminalitätsbelastung aufgrund der Alters-, Geschlechts- und Sozialstruktur gegeben sein sollte. Erstens müssten tatsächlich gravierende Unterschiede hinsichtlich dieser Merkmale vorliegen. Zweitens müssten diese Unterschiede in den genannten Strukturen auch in der Tat für eine unterschiedliche Kriminalitätsbelastung verantwortlich gemacht werden können. Das bedeutet, dass allein strukturelle Unterschiede eine Höherbelastung der einen oder anderen Bevölkerungsgruppe mit Kriminalität noch nicht begründen. Es ist der Frage nachzugehen, ob denn gewisse strukturelle Charakteristika eine höhere oder niedrigere Kriminalitäts- oder Kriminalisierungsrate begründen können oder nicht. Deswegen sollen im Folgenden die Strukturen im Hinblick auf die Merkmale Geschlecht, Alter und soziale Lage verglichen sowie der Einfluss der Unterschiede auf die registrierte Kriminalität in der PKS untersucht werden.

5.1. Geschlechtsstruktur

5.1.1. Unterschiede der Geschlechtsstruktur

Zu Beginn der Arbeitsmigration nach Deutschland im Zuge der Anwerbung von Gastarbeitern waren es zunächst hauptsächlich Männer zwischen 20 und 40 Jahren[268], die nach Deutschland kamen, um zu arbeiten. Im Laufe der Jahre nahm der Frauenanteil unter den Gastarbeitern zwar deutlich zu, blieb jedoch immer unter dem der Männer. So lag der Frauenanteil in den 60er Jahren noch bei etwa 31 %.[269] Mit Einsetzen des Fami-

267 vgl. Schwind (2006): Kriminologie, S. 471, § 23.

268 vgl. Bundesministerium des Innern (Hg., 2008): Migration und Integration, S. 14.

269 vgl. Geißler (2006): Die Sozialstruktur Deutschlands, S. 236.

liennachzugs aufgrund der in Punkt I.3.2. genannten Entwicklungen (Anwerbestopp) erhöhte sich der Anteil der Frauen zunehmend. Waren vor einigen Jahren die Unterschiede im Hinblick auf die Geschlechtsstruktur noch sehr deutlich, so sind sie heute in weniger starkem Ausmaß, aber dennoch, festzustellen. Immer noch sind mehr ausländische Männer als Frauen in Deutschland, nämlich 52 % (somit 48 % Frauen).[270] In der deutschen Bevölkerung sind die Anteile etwa umgekehrt verteilt, 52 % der deutschen Bevölkerung in Deutschland sind Frauen, 48 % Männer.[271]

5.1.2. Die Geschlechtsstruktur als Ursache für eine höhere oder niedrigere Kriminalitätsrate

Die Tatsache, dass unter der ausländischen Bevölkerung nach wie vor mehr Männer als Frauen zu finden sind, wohingegen bei der deutschen Bevölkerung die Frauen überwiegen, hat eventuell Einfluss auf die Kriminalitätsrate. Auch wenn Frauen unter den Tatverdächtigen eine immer größere Rolle spielen, so dominiert das männliche Geschlecht unter den Tatverdächtigen immer noch deutlich. Die PKS weist für das Berichtsjahr 2006 einen Anteil von 75 % männlichen Tatverdächtigen und 25 % weiblichen aus.[272] Gründe für die geringere Kriminalitätsbelastung von Frauen in den Hellfeldstatistiken könnten sein, dass Frauen immer noch eher im Privaten tätig sind als Männer, wo die informelle Kontrolle höher ist und sich weniger Gelegenheit zu kriminellem Handeln bietet. Außerdem seien die durch das Strafrecht sanktionierten Verhaltensweisen eher „männlicher" Natur. Eine „weibliche" Verhaltensweisen wäre z.B. die Unterminierung der Netzwerke Anderer, was eine ebenfalls moralisch zumindest nicht einwandfreie Handlung ist, aber von keinem Gesetz sanktioniert wird. Für die geringe statistische Kriminalitätsbelastung von Frauen wird außerdem angeführt, dass sie einer geringeren Kontrolldichte unterliegen, und mögliche kriminelle Handlungen somit nicht entdeckt werden.[273] Frauen sind nicht nur laut Hellfeldstatistiken weniger an strafrechtlich relevantem Verhalten, insbesondere Gewaltkriminalität, beteiligt, sondern auch laut Dunkelfeldstudien. Es stellt sich aber die

---

270 vgl. Bundesministerium des Innern (Hg., 2008): Migration und Integration, S. 36.

271 vgl. http://www.destatis.de/jetspeed/portal/cms/Sites/destatis/Internet/DE/Content/Statistiken/Bevoelkerung/Bevoelkerungsstand/Tabellen/Content50/GeschlechtStaatsangehoerigkeit,templateId=renderPrint.psml [16.10.2008].

272 vgl. BKA (Hg., 2007): Polizeiliche Kriminalstatistik 2006, S. 72.

273 vgl. Mansel (2003): Die Selektivität strafrechtlicher Sozialkontrolle, S. 384f.

Frage, inwiefern der extreme Unterschied zwischen Frauen und Männern in Bezug auf Kriminalität auch auf Etikettierungsprozesse in der Gesellschaft zurückgeführt werden kann. Für die Annahme, dass die geringere Kriminalitätsrate unter Frauen zumindest auch auf Etikettierungsprozesse und nicht nur auf das tatsächlich weniger kriminelle Verhalten zurückzuführen ist, spricht die Relativierung der geschlechtsspezifischen Kriminalitätsunterschiede im Dunkelfeld.[274] Trotzdem kann nach wie vor davon ausgegangen werden, dass Männer auch tatsächlich häufiger kriminell werden als Frauen. Ein höherer Anteil an männlichen Mitgliedern einer Gruppe erhöht somit die Wahrscheinlichkeit eines höheren Anteils an Tatverdächtigen in der Statistik.

5.2. Altersstruktur

5.2.1. Unterschiede der Altersstruktur

Ein deutlicherer Unterschied als bei der Geschlechtsstruktur ist bei der Altersstruktur festzustellen, wenn dieser auch langsam schwächer wird. Vor einigen Jahren noch waren ausländische Rentner eher eine Rarität. So waren nur etwa 3 % aller Ausländer in Deutschland im Jahr 1991 65 Jahre oder älter.[275] Heute erreichen diejenigen, die als Gastarbeiter in den 50er, 60er und 70er Jahren nach Deutschland kamen, nach und nach das Rentenalter.

Beim Vergleich des Durchschnittsalters der deutschen und der ausländischen Bevölkerung ergibt sich eine deutliche Differenz. Aktuelle Daten geben ein Durchschnittsalter von 43,2 Jahren für Deutsche im Jahr 2005 und von 36,7 Jahren für Ausländer im Jahr 2006 an.[276]

Während im Jahr 2004 über 15 % der deutschen Männer und sogar über 22 % der deutschen Frauen 65 Jahre und älter waren, waren es bei den ausländischen Männern und Frauen nur jeweils knapp 7 %. Hingegen sind ebenfalls im Jahr 2004 etwa ein Viertel der deutschen Bevölkerung im Alter zwischen 18 und 40 Jahren, jedoch 44,1 % der ausländischen Bevölkerung. Dieser Anteil ist bei der ausländischen Bevölkerung zumindest seit 1991 mehr oder weniger konstant. Bei der deutschen Bevölkerung sinkt dieser Anteil. 1991 befand sich noch ein Drittel der

274 vgl. Mansel (2003): Die Selektivität strafrechtlicher Sozialkontrolle, S. 396.

275 vgl. Statistisches Bundesamt (2006): Strukturdaten zur Migration in Deutschland, S. 56.

276 vgl. Bundesministerium des Innern (Hg., 2008): Migration und Integration, S. 36.

deutschen Bevölkerung zwischen 18 und 40 Jahren.[277] Der hohe Anteil an jungen ausländischen Personen ergibt sich nicht nur aus dem Nachzug von Kindern zu in Deutschland lebenden Familienangehörigen, sondern auch aus der höheren Geburtenhäufigkeit bei ausländischen Frauen. Trotz stetig abnehmender Tendenz lag selbst im Jahr 2005 die Geburtenhäufigkeit mit 1,7 bei den ausländischen Frauen noch über derjenigen der deutschen Frauen mit 1,3 Kindern.[278]Auch die Spätaussiedler weisen eine deutlich andere Altersstruktur auf als Deutsche. Über ein Drittel der Spätaussiedler ist jünger als zwanzig. In der deutschen Bevölkerung ist dies nur etwa ein Fünftel der Bevölkerung.[279]

5.2.2. Die Altersstruktur als Ursache für eine höhere oder niedriger Kriminalitätsrate

Ausländer sind also im Schnitt deutlich jünger als deutsche. Wird die Altersstruktur der ausländischen Bevölkerung als Grund für die höhere Kriminalitätsbelastung angegeben, so müsste ein Zusammenhang zwischen dem Alter und der Wahrscheinlichkeit kriminellen Verhaltens bestehen. Es wird angenommen, dass die Kriminalität unter jungen Menschen größer ist als unter älteren. Das „Ausprobieren" devianten Verhaltens in der Jugend wird häufig als Ausdruck von Spiel- und Problemverhalten gewertet. Entscheidend ist, dass im Jugendalter die Kriminalität zwar meistens ansteigt, dass ihr aber Episodencharakter zuzuschreiben ist. Es handelt sich um eine zeitlich begrenzte Auffälligkeit. Positiv beschrieben lernen Jugendliche durch ihre Neigung zu kriminellem Verhalten die Rechtsnormen und die ihnen dadurch aufgezeigten Grenzen kennen.[280]

Auch ein höherer Anteil junger Menschen wirkt sich also auf die Anzahl der registrierten Tatverdächtigen aus.

5.3. Sozialstruktur

Es bestehen verschiedene Modelle, um die Sozialstruktur einer Gesellschaft zu beschreiben und damit soziale Ungleichheiten aufzudecken. Zu den klassischen Modellen zählt die Unterteilung in Klassen oder Schich-

277 vgl. Statistisches Bundesamt (2006): Strukturdaten zur Migration in Deutschland, S. 56.

278 vgl. Bundesministerium des Innern (Hg., 2008): Migration und Integration, S. 36.

279 vgl. Kerner et al. (2001): Wenn aus Spaß ernst wird, S. 370.

280 vgl. Schwind (2006): Kriminologie, S. 71, § 3 Rn. 27; s. auch Bock (2007): Kriminologie, S. 299ff., Rn. 864ff.

ten. Da der Klassenbegriff nicht nur rein deskriptiven sondern immer auch erklärenden Charakters ist, wird hier der Schichtbegriff vorgezogen. Er dient der Beschreibung der Gesellschaft im Sinne vertikal übereinander geordneter Gruppierungen, ohne dabei Erklärungen für diese Rangordnung zu geben. Als Indikatoren sollen die objektiv am leichtesten feststellbaren Merkmale Bildung/Ausbildung, Beruf/Erwerbstätigkeit und Einkommen dienen. Auch wenn diese „meritokratische Triade"[281] wichtige subjektive Merkmale, wie zum Beispiel Mentalitäten, Interessen usw. nicht berücksichtigt, wie es in den Lage- und Lebensstilmodellen geschieht, scheint die Einteilung anhand der drei genannten Indikatoren in diesem Falle ausreichend, um eine Vorstellung der Ungleichheiten zwischen der deutschen und der nichtdeutschen Bevölkerung in Deutschland zu bekommen.

5.3.1. Unterschiede in Bildung und Ausbildung

Die Bildungs- und Ausbildungssituation von Ausländern unterscheidet sich deutlich von derjenigen der Deutschen.

Die absoluten Zahlen der ausländischen Schüler an allgemeinbildenden Schulen[282] stieg bis 2003, ging 2004 aber wieder leicht auf 951 314 zurück. Die Gesamtschülerzahlen sind seit einigen Jahren rückläufig. Im Jahr 2004 betrug der Anteil ausländischer Schüler an allen Schülern dieser Schularten 10 %.[283]

Die Anteile ausländischer Schüler an den einzelnen Schularten unterscheiden sich jedoch deutlich. Liegt ihr Anteil an der Grund- und Hauptschule deutlich über dem Durchschnitt, beträgt er an der Realschule schon weniger, an Gymnasien liegt ihr Anteil nur noch bei etwa 4 % im Jahr 2004.

281 Kreckel (2004): Politische Soziologie der sozialen Ungleichheit, S. 228.

282 Hierzu gehören: Vorklassen, Schulkindergärten, Grundschulen, Schulartunabhängige Orientierungsstufe, Hauptschulen, Schularten mit mehreren Bildungsgängen, Realschulen, Gymnasien, Integrierte Gesamtschulen, Freie Waldorfschulen, Sonderschulen, Abendhauptschulen, Abendrealschulen, Abendgymnasien und Kollegs.

283 vgl. Statistisches Bundesamt (2006): Strukturdaten zur Migration in Deutschland, S. 94.

Tab. 7: Ausländeranteil an den Schularten Grundschule, Hauptschule, Realschule und Gymnasium in %[284]

	Grundschule	Hauptschule	Realschule	Gymnasium
Anteil ausländischer Schüler an allen Schülern	11,5	18,7	7,2	4,1

Auch die Aufteilung der Schüler auf die einzelnen weiterführenden Schulen Hauptschule, Realschule und Gymnasium innerhalb der jeweiligen Nationalitäten zeichnet ein deutliches Bild:

Tab. 8: Anteile derjenigen, die an die Hauptschule/an die Realschule/ ans Gymnasium gehen an allen der jeweiligen Nationalität, die eine der drei Schulen besuchen in %[285]

	an der Hauptschule	an der Realschule	am Gymnasium
Serbien u. Montenegro	66,1	20,7	13,3
Türkei	58,3	26,5	15,2
Italien	59	25,4	15,6
Portugal	52	27	21
Griechenland	48,5	25,9	25,6
Spanien	33,8	31,8	34,5
Deutschland	19,8	28,2	52

Der Anteil deutscher Schüler an der Hauptschule ist von den genannten Nationalitäten am geringsten, der am Gymnasium am höchsten. Demgegenüber steht der sehr geringe Anteil von Schülern aus Serbien und

284 Berechnungen nach Statistisches Bundesamt (2006): Strukturdaten zur Migration in Deutschland, S. 95.

285 Berechnungen nach Statistisches Bundesamt (2006): Strukturdaten zur Migration in Deutschland, S. 99f. Hier werden die Nationalitäten der ehemaligen Anwerbeländer berücksichtigt im Vergleich mit den Werten für deutsche Schüler dieser Schularten. Aufgrund des Informationsgehalts der verwendeten Statistiken bleiben Integrierte Gesamtschulen als weiterführende Schulen unberücksichtigt.

Montenegro, der Türkei und Italien an Gymnasien und der sehr hohe Anteil von Schülern dieser Nationalitäten, die die Hauptschule besuchen. Ausländische Schüler besuchen also insgesamt im Vergleich zu deutschen Schülern verstärkt Schulen mit niedrigerem Abschluss. Zudem werden auch starke Unterschiede im Hinblick auf die verschiedenen Nationalitäten ersichtlich.

Ein Blick auf die Statistiken zu den erreichten Schulabschlüssen vervollständigt dieses Bild. Im Jahr 2004 lag der Anteil derjenigen Ausländer, die ihre Schulausbildung mit einem Hauptschulabschluss abschließen, an allen Absolventen (einschließlich Abgänger ohne Hauptschulabschluss), mit über 40 % fast doppelt so hoch wie der Anteil der deutschen Schulabsolventen. Umgekehrt hingegen verlassen mit ca. 25 % aller deutschen Absolventen mehr als doppelt so viele Deutsche wie Ausländer die Schule mit einer Fachhochschul- bzw. Hochschulreife.[286]

Die durchschnittlich niedrigeren Schulabschlüsse von Ausländern haben Konsequenzen für die Ausbildungssituation. Die Suche nach einem Ausbildungsplatz gestaltet sich deutlich schwieriger. Dies zeigt sich an dem geringen Anteil von 6 % ausländischer Schüler an Berufsschulen und dem demgegenüber hohen Anteil ausländischer Schüler an berufsvorbereitenden Schulen.[287]

An deutschen Hochschulen waren zum Wintersemester 2004/2005 zwar 13 % der immatrikulierten Studenten ausländischer Herkunft, jedoch handelte es sich lediglich bei knapp einem Viertel dieser Studenten ausländischer Herkunft um Bildungsinländer, das heißt um Studenten, die ihre Hochschulzugangsberechtigung an einer deutschen Schule erworben haben.[288] Auch hier schlägt sich die geringe Quote ausländischer Schüler, die eine Hochschulreife erlangen, nieder. Entsprechend niedrig ist der Anteil an Ausländern unter den Bildungsinländern, die ihre Ausbildung mit einem Hochschulabschluss abschließen.

Auch diejenigen Migranten, die nicht ihre komplette Bildungs- und Ausbildungsphase in Deutschland durchlaufen, verfügen in der Regel über niedrigere Bildungs- und Ausbildungsabschlüsse. Von den 1995 in Deutschland lebenden Ausländern im erwerbsfähigen Alter hatte über ein Fünftel weder in Deutschland noch im Herkunftsland überhaupt einen Schulabschluss erlangt. Etwas weniger als die Hälfte hatte im Her-

---

286 Berechnungen nach Statistisches Bundesamt (2006): Strukturdaten zur Migration in Deutschland, S. 102.

287 vgl. Statistisches Bundesamt (2006): Strukturdaten zur Migration in Deutschland, S. 25.

288 vgl. ebd.

kunftsland lediglich den obligatorischen Schulbesuch absolviert. Nur etwa jeder Zehnte hat bereits außerhalb Deutschlands einen höheren Bildungsabschluss erlangt. Im Unterschied zu vielen Flüchtlingen und Asylbewerbern waren die meisten Arbeitsmigranten auch schon in ihren Herkunftsländern in der sozialen Unterschicht zu verorten.[289]

5.3.2. Unterschiede in Beruf und Erwerbstätigkeit

Im Bereich der Erwerbstätigkeit ist die unterschiedliche Verteilung ausländischer und deutscher Erwerbstätiger auf die Gruppen Arbeiter, Angestellte und Selbstständige von Belang.

Im Wachsen begriffen ist unter den ausländischen Arbeitskräften der Sektor der Selbstständigen, wodurch nach und nach ein ausländischer Mittelstand entsteht.[290] Während durch diese Entwicklung bei den Selbstständigen der Anteil bei Ausländern und Deutschen mit jeweils etwa einem Zehntel nahezu gleich ist, zeigen sich bei den Arbeitern und den Angestellten deutliche Unterschiede. Mehr als die Hälfte der ausländischen Erwerbstätigen ist Arbeiter, als Angestellter ist etwas mehr als ein Drittel tätig. Im Gegensatz dazu ist mehr als die Hälfte der deutschen Erwerbstätigen in einem angestellten Beschäftigungsverhältnis und weniger als ein Drittel als Arbeiter beschäftigt.[291] Allerdings ist der Anteil der Un- und Angelernten sowie der Facharbeiter an allen erwerbstätigen Ausländern (zumindest was Ausländer aus den ehemaligen Anwerbeländern Türkei, Italien, Jugoslawien, Griechenland und Spanien betrifft) in den letzten Jahren zurückgegangen.[292] Ein Vordringen in den Dienstleistungssektor ist eher schwierig. Immerhin ein Fünftel wird als mittlerer oder höherer Angestellter registriert. Als nichtdeutschen Staatsbürgern bleibt den meisten Migranten der Zugang zur Beamtenschaft verwehrt.[293]

Nicht zu vergessen ist der große Unterschied zwischen Deutschen und Ausländern was die Arbeitslosenquote betrifft. Während sie im Jahr 2004 für Deutsche bei 11 % lag, betrug die Arbeitslosenquote bei Ausländern knapp über 20 %. Arbeitnehmer aus Nicht-EU-Staaten sind durchschnittlich häufiger von Arbeitslosigkeit betroffen als Arbeitnehmer aus der EU (23 bzw. 16 %). Ebenso waren im Jahr 2004 Personen türkischer und

289 vgl. Hradil (2001): Soziale Ungleichheit in Deutschland, S. 342f.

290 vgl. Geißler (2006): Die Sozialstruktur Deutschlands, S. 241.

291 vgl. Statistisches Bundesamt (2006): Strukturdaten zur Migration in Deutschland, S. 26.

292 vgl. Geißler (2006): Die Sozialstruktur Deutschlands, S. 242.

293 vgl. ebd., S. 241.

marokkanischer Staatsangehörigkeit überdurchschnittlich oft arbeitslos (26 bzw. 23 %).

5.3.3. Unterschiede im Einkommen

Beim Vergleich der Einkommen deutscher und ausländischer Arbeitnehmer mit ähnlichen Qualifikationen ist keine direkte Lohndiskriminierung festzustellen. Eine durchschnittlich schlechtere Einkommenssituation von ausländischen Haushalten ergibt sich dennoch aus der Tatsache, dass die ausländischen Arbeitnehmer schlechter qualifiziert sind und kinderreichere Familien zu versorgen haben. In relativer Armut lebten im Jahr 2002 über ein Viertel der Ausländer und etwa ein Zehntel der Deutschen.[294] Die im Mikrozensus durch Selbsteinstufung gewonnenen Daten zum Haushaltsnettoeinkommen zeigen, dass Haushalte mit ausländischer Bezugsperson wesentlich häufiger in unteren Einkommensklassen und seltener in den oberen Einkommensklassen zu finden sind als deutsche Haushalte. Diese fallen zu 55 % in die Kategorie eines monatlichen Haushaltsnettoeinkommens von bis zu 1 500 Euro, ausländische Haushalte jedoch sind in dieser Kategorie mit einem Anteil von 73 % vertreten.[295]

Die für Bildung, Einkommen und Beruf festgestellten Tendenzen sind Durchschnittswerte. Das bedeutet, dass in ihnen sämtliche Personen ausländischer Staatsangehörigkeit enthalten sind. Differenzierte Untersuchungen, die verschiedene Nationalitäten unterscheiden oder auch Eingebürgerte mit einbeziehen, zeigen, dass sich teilweise erhebliche Abweichungen von diesen Durchschnittswerten ergeben.[296] Vor allem auch durch die zunehmende Migration von Personen aus EU-Staaten ist langfristig von einer Veränderung der Sozialstruktur von Migranten auszugehen, zum Beispiel durch die Mobilität qualifizierter EU-Bürger. Dennoch dient die vorangegangene Darstellung der Verdeutlichung einer eindeutigen Tendenz der Zugehörigkeit von Migranten zu den unteren Schichten der Sozialstruktur. Zwar war eine Umschichtung nach oben festzustellen, dennoch ist die Hälfte der ausländischen Bevölkerung weiterhin in den untersten Bereichen der Schichtungshierarchie zu finden.[297] Eine

294 vgl. Geißler (2006): Die Sozialstruktur Deutschlands, S. 243.

295 vgl. Statistisches Bundesamt (2006): Strukturdaten zur Migration in Deutschland, S. 32.

296 s. die Untersuchung zu Sozialstruktur und Migration anhand des SOEP von Kley (2004): Migration und Sozialstruktur.

297 vgl. Geißler (2006): Die Sozialstruktur Deutschlands, S. 241.

„Unterschichtung", wie sie von Hoffmann-Nowotny[298] beschrieben wurde, findet so in Deutschland nicht statt, da die Ausländer sich nicht unterhalb der untersten Schichten ansiedeln. Die Ausländer befinden sich allerdings knapp über diesen deutschen Randschichten.[299]

5.3.4. Die Sozialstruktur als Ursache für eine höhere oder niedrigere Kriminalitätsrate

Es wird angenommen, dass der ausländische Anteil der Bevölkerung deswegen eine überproportional hohe TVBZ aufweist, weil sie in der Sozialstruktur eher den unteren Schichten zuzuordnen sind. Die Zugehörigkeit zu unteren Schichten wiederum ziehe generell eine häufigere Identifizierung als Tatverdächtiger nach sich. Dieser Zusammenhang kann jedoch unterschiedlich begründet werden. Es stehen sich hier zwei Positionen gegenüber, von welchen die eine die höheren Kriminalitätsraten Angehöriger unterer Schichten in den offiziellen Statistiken auf Etikettierungsprozesse und auf die erhöhte Kontrolle durch die Polizei in diesen Bereichen zurückführt (reaktionstheoretische Deutung[300]). Die andere aber, zu welcher z.B. die Anomietheorie von Merton gehört[301], sieht eine tatsächliche Kausalität zwischen der Zugehörigkeit zu unteren Schichten und dem häufigeren Begehen von Straftaten (ätiologische Deutung[302]). Ob diese Erklärungsansätze Gültigkeit haben, wird im Folgenden erörtert.

5.3.4.1. Ätiologische Deutung

Albrecht/Howe sehen die von vielen kriminalsoziologischen Theoretikern ohne Beachtung der empirischen Befunde immer wieder formulierte Annahme, dass untere Schichten häufiger von Delinquenz betroffen seien als obere Schichten, kritisch. Nach einer eigenen Dunkelfeldstu-

---

298 s. Hoffmann-Nowotny (1987): Gastarbeiterwanderungen und soziale Spannungen.

299 vgl. Geißler (2006): Die Sozialstruktur Deutschlands, S. 248f.

300 vgl. Geißler/Marißen (1990): Kriminalität und Kriminalisierung junger Ausländer, S. 669.

301 Merton sieht Kriminalität im Wesentlichen als Phänomen der Unterschicht, da deren Angehörige die Diskrepanz zwischen als legitim anerkannten gesellschaftlichen Zielen und den reduzierten Zugangsmöglichkeiten zu den zur Zielerreichung erforderlichen legitimen Mittel durch illegitime Wege zu lösen versuchen, vgl. Merton (1979): Sozialstruktur und Anomie.

302 vgl. Geißler/Marißen (1990): Kriminalität und Kriminalisierung junger Ausländer, S. 669.

die zum Zusammenhang zwischen sozialem Status und Delinquenz kommen sie zu dem Ergebnis,

> „daß der soziale Status als theoretisch relevante Variable wohl nicht vollständig zu ignorieren, aber doch weit davon entfernt ist, jene Rolle als zentrale erklärende Variable zu spielen, die ihr von vielen ätiologischen Ansätzen zugeschrieben wird."[303]

Zu Bedenken geben sie allerdings auch, dass empirische Ergebnisse zum Teil auch deswegen so stark divergieren, weil unterschiedliche Indikatoren zum Feststellen der sozialen Schicht verwendet werden. Die Autoren werfen darüber hinaus die Frage auf, ob denn die Zugehörigkeit zu einer bestimmten sozialen Kategorie angesichts der viel diskutierten Individualisierungsprozesse überhaupt noch möglich oder zumindest dazu geeignet ist, bestimmte Verhaltensmuster vorauszusagen. Eventuell sollten vielmehr die so genannten neuen sozialen Ungleichheiten[304] bei der Statuserfassung mit berücksichtigt werden, um einen Zusammenhang zwischen sozialer Lage und Delinquenz sinnvoll untersuchen zu können.[305]

Mehlkop/Becker untersuchen mit den Daten des ALLBUS 1990 und 2000 die Antworten der Untersuchungsteilnehmer auf die Frage, ob sie sich vorstellen könnten, eine bestimmte Straftat (wieder) zu begehen oder nicht. Die in Betracht kommenden Delikte sind dabei einerseits die Steuerhinterziehung, andererseits der Ladendiebstahl im Kaufhaus.[306] Die Ergebnisse zeigen, dass ein Zusammenhang zwischen Schichtzugehörigkeit und Kriminalität nicht besteht. Begründet wird dies im Wesentlichen damit, dass dann Täter der unteren Schichten sowohl bei der Steuerhinterziehung als auch beim Ladendiebstahl überproportional vertreten sein müssten. Sie sind es jedoch lediglich beim Ladendiebstahl. Bei der Steuerhinterziehung überwiegen Vertreter der oberen Schicht.[307]

Es wurde gezeigt, dass

> „kriminelles Handeln in der Gesellschaft relativ ubiquitär verteilt [ist], m.a.W., es gibt keine Schicht, die generell eine höhere Täter-

303 Albrecht/Howe (1992): Soziale Schicht und Delinquenz, S. 717.

304 Dazu gehören z.B. Gesundheitsversorgung, Möglichkeiten der Freizeitgestaltung, Arbeitsbedingungen usw., vgl. Hradil (2001): Soziale Ungleichheit, S. 299ff.

305 vgl. Albrecht/Howe (1992): Soziale Schicht und Delinquenz, S. 723.

306 vgl. Mehlkop/Becker (2004): Soziale Schichtung und Delinquenz, S. 109.

307 vgl. ebd., S. 122.

quote aufweist. Aber welche Delikte begangen werden, variiert stark mit der Schichtzugehörigkeit."[308]

Aussagen zum negativen Zusammenhang zwischen Schichtzugehörigkeit und Kriminalität sind daher wenig aussagekräftig, wenn nicht nach einzelnen Delikttypen differenziert wird.[309] Als großen Mangel sehen Mehlkop/Becker, dass in den meisten Studien nur der prozentuale Anteil von Zugehörigen zu einer bestimmten Schicht aus der bekannten Täterpopulation betrachtet wird. Die Frage, wie groß der Anteil derjenigen ist, die sich an die Gesetze halten und warum sie dies tun, werde nicht beantwortet.[310]

In Anbetracht der angeführten Studien kann die Zugehörigkeit von Ausländern zu unteren Schichten allein noch nicht als Grund für die Nichtvergleichbarkeit mit deutschen Tatverdächtigen herangezogen werden. Die Aussage, Angehörige der Unterschichten würden häufiger kriminell als Angehörige der mittleren und oberen Schicht, stimmt so nicht. Genauer analysiert werden muss jedoch, ob Etikettierungsprozesse in der Gesellschaft einerseits, und daraus folgende höhere Wahrscheinlichkeiten für Angehörige unterer Schichten verdächtigt, kontrolliert und angezeigt zu werden andererseits zu einer Verzerrung aufgrund der unterschiedlichen Sozialstrukturen führen könnten.

5.3.4.2. Reaktionstheoretische Deutung

Der reaktionstheoretischen Deutung liegen die so genannten Etikettierungsprozesse zu Grunde. Einige Eckpunkte der Etikettierungstheorien (auch *labeling approach*) sollen als Anhaltspunkte für Überlegungen zum Zusammenhang zwischen Schichtzugehörigkeit und Kriminalität dienen.

Vertreter der Etikettierungsansätze folgen der Ubiquitätsthese: potenziell strafbares Handeln ist über alle Gesellschaftsschichten gleichmäßig verteilt. Im Mittelpunkt der Etikettierungstheorie, zumindest aus makrosoziologischer Perspektive, steht die Frage, von wem welches Verhalten warum als kriminell definiert wird. Die zwei Hauptelemente des *labeling approach* sind die Definitionsdimension und die Machtdimension. Die Definitionsdimension umfasst die „Bedingungen der Intersubjektivität der Zuschreibung von Bedeutungen im allgemeinen und von Devianz im

---

308 Mehlkop/Becker (2004): Soziale Schichtung und Delinquenz, S. 109.

309 vgl. ebd., S. 106.

310 vgl. ebd., S. 113.

besonderen“[311]. Mit Machtdimension ist die Macht gemeint, die den in der Definitionsdimension hergestellten Definitionen reale Geltung verschafft. Für Anhänger der Etikettierungstheorie ist abweichendes Verhalten und mithin Kriminalität kein ontisches Merkmal der betreffenden Personen, sondern es ist eine soziale Beziehung, in welcher dem Verhalten einer Person eine spezifische normative Qualität zugeschrieben wird. Ein bestimmtes Verhalten wird also in einer sozialen Beziehung durch einen Zuschreibungsprozess als abweichend definiert.[312] Dieser Ausgangspunkt gewinnt dann an Bedeutung, wenn davon ausgegangen wird, dass die Herrschenden, also diejenigen, die in den höheren Ebenen der Sozialstruktur anzusiedeln sind, festlegen, welches Verhalten als deviant gelten soll und welches nicht. Folgt diese Zuschreibung interessengesteuert, hätte das eine Kriminalisierung der für untere soziale Schichten typischen Verhaltensweisen zur Folge.[313] Umgekehrt würde das Verhalten derjenigen, die die Definitionen durch ihre Macht durchsetzen können, nicht kriminalisiert werden.

Der Argumentation der Etikettierungstheoretiker folgend, werden Vertreter unterer Schichten, und somit auch Migranten, deswegen häufiger kriminell, weil die Vertreter oberer Schichten Gesetze erlassen, die zu ihrem eigenen Vorteil sind, aber zum Nachteil der anderen. Die PKS wäre somit „blind für das strafbare Verhalten der Mittelschicht, der Herrschenden, der Mächtigen und die für sie typischen Kriminalitätsarten und Begehungsformen“[314].

Sack überträgt diese Prozesse auf den Bereich der Normanwendung[315] und misst den Instanzen der Sozialkontrolle eine entscheidende Bedeutung bei der Zuschreibung abweichenden Verhaltens bei.[316] Das ist der Bereich, in welchem das Verhalten von Bevölkerung, Polizei und sonstigen Strafverfolgungsorganen eine Rolle spielt. Das Verhalten von Bevölkerung und Polizei müsse demnach gegenüber bestimmten Gruppen der Bevölkerung ein anderes sein als gegenüber anderen. Kriminelles Verhalten würde der einen Gruppe also öfter zugeschrieben werden als der anderen. Migranten sind hier in gewisser Weise doppelt betroffen, nämlich in ihrer Eigenschaft als Migranten und in ihrer

311 Keckeisen (1976): Die gesellschaftliche Definition abweichenden Verhaltens, S. 28.

312 vgl. ebd.

313 vgl. Göppinger (1976): Kriminologie, S. 50.

314 Bock (2007): Kriminologie, S. 272, § 16 Rn. 791.

315 vgl. Göppinger (1976): Kriminologie, S. 50.

316 vgl. Kerner (Hg., 1991): Kriminologie. Lexikon, s.v. *Kriminalitätstheorien.*

Eigenschaft als Angehörige unterer sozialer Schichten. Diese beiden Merkmale stehen hinsichtlich eines Selektionsprozesses in engem Zusammenhang. Auf diese Selektion im Gesamten wird ausführlich in Punkt III.6. eingegangen werden.

5.4. Gesamtbewertung zur Geschlechts-, Alters- und Sozialstruktur

Dass die Alters-, und Sozialstrukturen von Deutschen und Nichtdeutschen sehr unterschiedlich, die Unterschiede in der Geschlechtsstruktur weniger ausgeprägt sind, wurde gezeigt. Ob es nun aber vor allem bei den unteren sozialen Schichten Etikettierungsprozesse sind, die die Kriminalitätsraten in die Höhe treiben, oder aber die tatsächliche Kriminalität, konnte an dieser Stelle noch nicht abschließend geklärt werden. Den Ergebnissen von Mehlkop/Becker zufolge zieht die Zugehörigkeit zu einer bestimmten Schicht lediglich eine erhöhte Wahrscheinlichkeit zur Begehung bzw. Nicht-Begehung bestimmter Delikte nach sich. Geißler geht davon aus, dass der höhere Anteil von Männern, von jüngeren Menschen, von Großstadtbewohnern und von Angehörigen unterer Schichten sich sowohl auf die Wahrscheinlichkeit, tatsächlich eine Straftat zu begehen, als auch auf die Wahrscheinlichkeit, von den Kontrollinstanzen kriminalisiert zu werden, auswirkt.[317]

6. Selektionsprozesse durch Bevölkerung, Polizei, Staatsanwaltschaften und Gerichte

Wie in Punkt III.1.1. beschrieben, wird längst nicht jede kriminelle Handlung auch den offiziellen Stellen bekannt, geschweige denn wird jeder ermittelte Tatverdächtige vor Gericht angeklagt und verurteilt. In der PKS jedoch sind nur diejenigen Taten bzw. Tatverdächtigen aufgeführt, die bei der Polizei angezeigt wurden und von diesen wiederum alle, folglich auch all diejenigen Tatverdächtigen, die schlussendlich nicht verurteilt werden. Die PKS berücksichtigt also zwei entscheidende Prozesse nicht, in welchen eine gewisse Selektion stattfindet. Zum einen ist dies der Prozess der Anzeigeerstattung und des Verhaltens der Polizei, welcher der PKS zeitlich vorangeht, zum anderen derjenige der staatsanwaltschaftlichen Ermittlungen und des Gerichtsverfahrens, welcher der PKS zeitlich nachgelagert ist.

Auf dem Wege von der Begehung einer Straftat zu einer Verurteilung durch ein Gericht, sind also mehrere Stufen zu durchlaufen. Die erste

317 vgl. Geißler (1995): Das gefährliche Gerücht von der hohen Ausländerkriminalität, S. 36.

Stufe ist die Wahrnehmung von strafrechtlich relevantem Verhalten durch die Bevölkerung. Die zweite ist das Erkennen desselben als strafrechtlich von Belang. Sodann bedarf es der Entscheidung, das Verhalten zur Anzeige zu bringen oder nicht, was wiederum von Bedürfnissen, Interessen und Einstellungen der anzeigenden Person abhängt. Es folgen die Ermittlungen der Polizei, eine weitere Selektionsstufe. Zu berücksichtigen ist außerdem, dass nicht immer eine anzeigende Person notwendig ist, sondern häufig die Tat und ein Tatverdächtiger direkt durch die Polizei festgestellt werden. Die Möglichkeit der Feststellung hängt vom Kontrollverhalten der Polizei ab. Verlaufen die Ermittlungen der Polizei auf die Anzeige hin so, dass ein Tatverdächtiger festgestellt werden kann, erreicht der Prozess die nächste Stufe, in welcher die Staatsanwaltschaft ermittelt. Dieser Prozess hat keinen Einfluss mehr auf die PKS, gibt jedoch im Nachhinein Aufschluss über mögliche vorangehende Selektionsprozesse, wie zu sehen sein wird. Anstatt Anklage zu erheben kann bereits die Staatsanwaltschaft ein Verfahren einstellen oder mit Auflagen einstellen. Sie kann auch Strafbefehl beantragen. In diesem Fall handelt es sich um eine Aburteilung. Liegen aber genügend Anhaltspunkte für die tatsächliche Begehung der Tat vor, kommt es zu einer Verhandlung vor Gericht. Vor Gericht kommt es nicht in jedem Falle zu einer Verurteilung. Verurteilt ist nur, wer nach einer Verhandlung vor Gericht im Urteil die Schuld für die Tat zugeschrieben bekommt und zu einer Geld- oder Freiheitsstrafe sanktioniert wird.[318] Wird das Verfahren gegen einen Tatverdächtigen vom Gericht eingestellt oder spricht der Richter den Angeklagten frei, wird der Ausgang des Verfahrens ebenfalls als Aburteilung gewertet. Dasselbe gilt für das Auferlegen von Erziehungsmaßregeln. Das bedeutet, dass Abgeurteilte all diejenigen sind, gegen welche seitens der Staatsanwaltschaft Anklage erhoben bzw. gegen welche Strafbefehl beantragt wurde.[319]

Es stellt sich die Frage, ob beim Durchlaufen der einzelnen Stufen eine systematische Selektion stattfindet, die zu Lasten einer bestimmten Bevölkerungsgruppe geht. Dies würde bedeuten, dass bestimmte Merkmale einer Tat oder eines Tatverdächtigen dazu führen, dass die betreffende Person häufiger die nächste Selektionsstufe erreicht, als eine Person, die selbst oder deren Tat diese spezifischen Merkmale nicht aufweist. Im Kontext der Kriminalität von Migranten ist zu fragen, ob allein die Tatsache, Migrant zu sein oder als Ausländer wahrgenommen zu

318 vgl. Mansel (1989): Die Selektion innerhalb der Organe der Strafrechtspflege am Beispiel von jungen Deutschen, Türken und Italienern, S. 87ff.

319 vgl. Mansel/Albrecht (2003): Migration und das kriminalpolitische Handeln staatlicher Strafverfolgungsorgane, S. 681f.

werden, eine erhöhte Wahrscheinlichkeit mit sich bringt, überhaupt erst in den Prozess der polizeilichen und justiziellen Ermittlungen hineinzugeraten.

Auf der ersten Stufe würde dies bedeuten, dass hinsichtlich des Verhaltens von als Ausländer wahrgenommenen Personen eine gewisse Sensibilisierung stattgefunden hat. Das Verhalten von Migranten würde von der Bevölkerung genauer und kritischer beobachtet werden, als das von Deutschen, sodass häufiger Anzeige erstattet wird. Man spricht hier von der Anzeigebereitschaft der Bevölkerung. Ist die Anzeigebereitschaft höher, wenn es sich bei der anzuzeigenden Person um eine nichtdeutsche handelt, als wenn es sich um eine deutsche handelt, so würde dies bedeuten, dass bei gleicher Verteilung der Kriminalität auf Deutsche und Nichtdeutsche die letztgenannten häufiger der Polizei als Tatverdächtige bekannt würden. Das gleiche Resultat ergäbe sich, wenn durch eine erhöhte Kontrolldichte durch die Polizei in Gebieten mit hohem Ausländeranteil mehr Ausländer der Polizei auffällig würden als Deutsche. Um beurteilen zu können, ob der überproportionale Anteil von ausländischen Tatverdächtigen in der Kriminalstatistik auf eines der beiden Phänomene, also erhöhte Anzeigebereitschaft bzw. höhere Kontrolldichte oder anderes Kontroll- und Ermittlungsverhalten der Polizei zurückgeführt werden kann, wurden verschiedene Studien durchgeführt, deren Ergebnisse im Folgenden präsentiert werden. Die Prozesse bei Staatsanwaltschaften und Gerichten haben keinen direkten Einfluss auf die Daten der PKS. Sie relativieren jedoch die Aussagen der PKS im Nachhinein und geben außerdem Aufschluss darüber, ob von einer erhöhten Anzeigebereitschaft der Bevölkerung und einer systematischen Selektion durch die Polizei die Rede sein kann. Deswegen werden die Prozesse bei Staatsanwaltschaften und Gerichten im Hinblick auf ihre Aussagekraft zur Selektion durch die Bevölkerung und die Polizei abschließend erörtert.

6.1. Die Anzeigebereitschaft der Bevölkerung gegenüber Migranten

Ob die Anzeigebereitschaft von Deutschen gegenüber den Nichtdeutschen höher ist und Nichtdeutsche deswegen häufiger als Tatverdächtige registriert werden, ist nicht eindeutig empirisch belegt. Verschiedene Studien gelangen zu unterschiedlichen Ergebnissen.[320]

320 vgl. Bock (2007): Kriminologie, S. 307, § 19 Rn. 887.

6.1.1. Ergebnisse verschiedener Studien

6.1.1.1. Die Untersuchung von Blankenburg

Die Vermutung, kriminelles Verhalten von Ausländern werde häufiger angezeigt als das von Deutschen, gab es schon vor einigen Jahrzehnten, kurze Zeit nachdem die Migration in die BRD durch die Gastarbeiteranwerbung begonnen hatte. So führte Blankenburg bereits 1969 eine Untersuchung von Ladendiebstählen durch.[321] Die Tatsache, dass der Anteil von wegen Ladendiebstahls bestraften Ausländern an allen wegen Ladendiebstahls Bestraften höher ist, als der Anteil von durch Ausländern begangenen Ladendiebstählen an allen Ladendiebstählen, zeige, dass die „Anzeigeneigung bei Ausländern [...] sehr viel größer [ist] und zwar unabhängig von der Schwere des Delikts."[322] Dieses für Blankenburg damals eindeutige Ergebnis wurde in späteren Studien teilweise angezweifelt und widerlegt, teilweise aber auch bestätigt.

6.1.1.2. Den Ergebnissen Blankenburgs widersprechende Studien

So untersuchte Kilias[323] fast zwanzig Jahre nach Blankenburg das Anzeigeverhalten von Opfern gegenüber Ausländern in der Schweiz. Sein Ergebnis widerspricht dem Blankenburgs. Als Datengrundlage dienten ihm Ergebnisse der schweizerischen Opferbefragung. Die Annahme, dass gegenüber Ausländern eine erhöhte Anzeigebereitschaft seitens der Opfer oder anderer Zeugen festzustellen ist, bezeichnet er als einen der „Gemeinplätze[n] der Kriminologie"[324]. Seine Analysen bestätigen dieses Klischee nicht. Nationalistische Kriterien würden die Opfer bei der Anzeigeerstattung nicht beeinflussen. Zu diesem Ergebnis gelangt er auch nach einer statistischen Kontrolle der Merkmale „Bekanntschaft zwischen Täter und Opfer" sowie „Schwere der Folgen des Delikts"[325]. So wird ausgeschlossen, dass ausländische Täter deswegen häufiger angezeigt würden, weil sie dem Opfer seltener bekannt seien, oder weil die Folgen des Delikts schwerwiegender seien.

---

321 s. Blankenburg (1969): Die Selektivität rechtlicher Sanktionen: eine empirische Untersuchung von Ladendiebstählen.

322 ebd., S. 822.

323 s. Kilias (1988): Diskriminierendes Anzeigeverhalten von Opfern gegenüber Ausländern?

324 ebd., S. 156.

325 vgl. ebd., S. 162f.

Auch die Studie von Schwind et al. von 2001 spricht gegen eine erhöhte Anzeigebereitschaft gegenüber Ausländern. Die Autoren untersuchten im Rahmen eines Langzeitvergleichs der Kriminalitätsraten (Hellfeld- und Dunkelfelduntersuchungen) der Stadt Bochum unter anderem den Einfluss des Anzeigeverhaltens auf die bekannt gewordene Kriminalität. Sie verweisen zunächst auf bereits vorliegende Untersuchungen, die zeigen, dass die Anzeigebereitschaft im Wesentlichen von vier Hauptmerkmalen abhängt. Diese sind die Merkmale der Tat, des Opfers, des Täters sowie der Beziehung zwischen Opfer und Täter. Bei Merkmalen der Tat ist die Deliktschwere gemessen an der Höhe des Schadens bzw. dem Ausmaß der Verletzungen sowie der Versicherungsschutz ausschlaggebend. Opfermerkmale, die Einfluss auf die Anzeigebereitschaft ausüben können, sind das Alter, das Geschlecht und die Nationalität. Auch die potenzielle eigene Erfahrung des Opfers als Täter wirkt sich auf die Anzeigebereitschaft aus. Die Beziehung zwischen Opfer und Täter spielt insofern eine Rolle, als dass bei einer sehr engen Beziehung zwischen Täter und Opfer häufig auf eine Anzeige verzichtet wird und komplett unbekannte, nicht identifizierbare Täter weniger häufig angezeigt werden als flüchtig bekannte, da wenig Aussicht auf Erfolg der Strafanzeige besteht. Die schwächste Bereitschaft zur Anzeige ergibt sich für persönliche Täter-Opfer-Beziehungen.[326] Bei der Analyse der Kriminalitätsraten von Nichtdeutschen müssen vor allem die Auswirkungen der Tätermerkmale auf die Anzeigeneigung berücksichtigt werden und hier vor allen Dingen die Nationalität. Angesichts der bereits vorliegenden Ergebnisse sehen Schwind et al. noch keine Möglichkeit, eine empirisch gesicherte Aussage zu machen. Sie formulieren daher als Ausgangspunkt ihrer Studie unter anderem die Hypothese, dass kein Zusammenhang zwischen Täternationalität und Anzeigebereitschaft besteht.[327] Bei der Überprüfung der Hypothese wurden zwar von Deutschen nichtdeutsche Täter häufiger angezeigt als deutsche Täter, der Unterschied war jedoch nicht signifikant. Auch wenn dies auf die niedrigen Fallzahlen zurückgeführt werden kann, gelangen die Autoren zu dem Schluss, dass der höhere Anteil an Nichtdeutschen in der PKS nicht allein auf einer erhöhten Anzeigebereitschaft beruht. Sie stellen sogar die Vermutung auf, dass eine höhere Anzeigebereitschaft gegenüber Nichtdeutschen von bestimmten Personen durch solche ausgeglichen werde, die einen nichtdeutschen Täter

326 vgl. Schwind et al. (2001): Kriminalitätsphänomene im Langzeitvergleich am Beispiel einer deutschen Großstadt, S. 166; s. auch die Studie von Kilchling (1995): Opferinteressen und Strafverfolgung, S. 157ff.

327 vgl. Schwind et al. (2001): Kriminalitätsphänomene im Langzeitvergleich am Beispiel einer deutschen Großstadt, S. 182, Hypothese 17.

bewusst nicht anzeigen, um ihn vor der Strafe, inklusive eventueller Ausweisung, zu bewahren und um bewusst nicht fremdenfeindlich zu handeln.[328]

6.1.1.3. Die Ergebnisse Blankenburgs bestätigende Studien

Dem entgegen stehen aber eine Reihe von Studien, die, wie schon Blankenburg, die höhere Anzeigewahrscheinlichkeit für Ausländer bestätigen. Dazu gehört zunächst die Studie von Geißler/Marißen aus dem Jahr 1990.[329] Die Autoren gehen davon aus, dass Ausländer von Deutschen öfter angezeigt werden, als Deutsche. Sie stützen sich dabei auf Studien aus den 70er und 80er Jahren. Begründet wird die erhöhte Anzeigebereitschaft zum einen mit einem allgemeinen Misstrauen den Nichtdeutschen gegenüber, zum anderen damit, dass private Konfliktlösungen mit Ausländern häufig aufgrund von Verständigungsschwierigkeiten und sozialer Distanz erschwert würden.[330] Des Weiteren haben Geißler/Marißen in ihrer Untersuchung festgestellt, dass die Tatverdächtigenbelastung unter Ausländern zwar in allen Bundesländern[331] höher ist als unter Deutschen, dass hier jedoch erhebliche Schwankungen festzustellen sind. Da keine plausible Erklärung dafür gefunden werden kann, warum Ausländer in Bundesland A häufiger kriminell werden sollten als in Bundesland B, führen die Autoren auch dies auf Anzeige- und Polizeiverhalten zurück. Sie resultieren nach Ausführungen der Autoren aus unterschiedlichen Vorgehensweisen in der Ausländerpolitik der Länder. Eine restriktive Ausländerpolitik führe demnach zu einer ausgeprägteren Kriminalisierung von Ausländern durch Bevölkerung und Polizei.[332]

Über einen Vergleich zwischen Angaben ausländischer und deutscher Jugendlicher auf die Frage, ob sie im vergangenen Jahr mindestens eine potentiell kriminalisierbare Verhaltensweise ausgeführt hätten, und den Angaben zu deutschen und nichtdeutschen Tatverdächtigen in der PKS, gelangt Mansel 1994 zu einem ähnlichen Ergebnis. Seine Analyse ergibt, dass jeder zweite derjenigen Ausländer, die im Rahmen der Dunkelfeldforschung angeben, eine kriminalisierbare Handlung ausgeführt zu

328 vgl. Schwind et al. (2001): Kriminalitätsphänomene im Langzeitvergleich am Beispiel einer deutschen Großstadt, S. 164.

329 s. Geißler/Marißen (1990): Kriminalität und Kriminalisierung junger Ausländer.

330 vgl. ebd., S. 674.

331 Die Angaben beziehen sich nur auf die alten Bundesländer.

332 vgl. Geißler/Marißen (1990): Kriminalität und Kriminalisierung junger Ausländer, S. 676.

haben, auch als Tatverdächtiger erfasst wurde, hingegen nur jeder sechste Deutsche dieser Gruppe. Darin bestätigt sich zum einen die erhöhte Anzeigebereitschaft gegenüber Ausländern, zum anderen aber auch die Erfolge polizeilicher ausländerspezifischer Aktivitäten.[333] Einen weiteren Hinweis auf eine erhöhte Anzeigebereitschaft gegenüber Ausländern sieht Mansel in Ergebnissen früherer Studien. Bezug nehmend auf seine Untersuchungen von 1989[334] betont Mansel nochmals die These, dass tatverdächtige Italiener und Türken seltener von einem Gericht verurteilt würden als Deutsche, da bereits durch die Staatsanwaltschaft das Ermittlungsverfahren eingestellt würde. Grund seien Geringfügigkeit im Falle von Bagatelldelikten und/oder fehlendes öffentliches Verfolgungsinteresse.[335] Dem kausal voran gehe die erhöhte Anzeigebereitschaft der Bevölkerung gegenüber Ausländern und die erhöhte Bereitschaft der Polizei, diese Anzeigen auch aufzunehmen.[336] Zu der Vermutung, Sprachschwierigkeiten könnten die Ermittlungen in einem solchen Maße erschweren, dass sie eingestellt würden, merkt Mansel an, dass mit dieser Hypothese nicht der große Teil der in der BRD geborenen und aufgewachsenen jungen Ausländer erfasst sei.[337]

Villmow stellt 1995[338] die niedrigere Ver- und Abgeurteiltenquote in Bezug auf alle nichtdeutschen Tatverdächtigen fest und sieht darin, wie auch Geißler, eine Bestätigung der erhöhten Anzeigebereitschaft und Kontrollintensität gegenüber Ausländern. Diese selektiven Verhaltensweisen begründet er zumindest teilweise mit im Denken der Bevölkerung verankerten Vorurteilsstrukturen und ausländerfeindlichen Einstellungen. Was in der Bevölkerung durch die erhöhte Anzeigeneigung gegenüber Nichtdeutschen anfange, werde auf der Ebene der polizeilichen Ermittlung fortgeführt. Angesichts der vielen vorliegenden Studien mit unterschiedlichen Forschungsergebnissen bezeichnet Villmow den Forschungsstand im Jahr 1995 allerdings als noch ungesichert.[339]

Eine letzte, die Hypothese der erhöhten Anzeigebereitschaft gegenüber Ausländern bestätigende Studie stammt von Mansel/Albrecht[340]. Die Autoren sehen die Ethnie des Täters geradezu als „Prädikator" für das

333 vgl. Mansel (1994): Schweigsame „kriminelle" Ausländer?, S. 304f.

334 s. Mansel (1989): Die Selektion innerhalb der Organe der Strafrechtspflege am Beispiel von jungen Deutschen, Türken und Italienern.

335 vgl. Mansel (1994): Schweigsame „kriminelle" Ausländer?, S. 301.

336 vgl. ebd., S. 302.

337 vgl. ebd., S. 302f.

338 s. Villmow (1995): Ausländer in der strafrechtlichen Sozialkontrolle.

339 vgl. ebd., S. 157ff.

Anzeigeverhalten von Opfern und Zeugen. Die Autoren stellen zunächst fest, dass insgesamt nur etwa die Hälfte aller strafrechtlich relevanten Situationen überhaupt zur Anzeige gebracht wird. Es sei insbesondere die Art des Deliktes, die darüber entscheide, ob Anzeige erstattet wird oder nicht. Eine Anzeige erfolge vor allem bei materiellen Schäden, wobei sicherlich auch Aspekte der in Anspruch zu nehmenden Versicherungsleistungen eine Rolle spielten. Des Weiteren übe die Beziehung zwischen Opfer und Täter Einfluss auf die Anzeigebereitschaft aus.[341] Mansel/Albrecht ziehen mehrere durchaus plausible Möglichkeiten in Betracht, weshalb auch die Nationalität des Täters Auswirkungen auf die Anzeigebereitschaft haben könnte. Sie könnte sich erstens dadurch erhöhen, dass Ausländer durch die Berichterstattung in den Medien unter eine Art Generalverdacht geraten und somit von vornherein als Abweichler empfunden werden. Die Anzeige soll in den Augen des Anzeigenden dazu dienen, den Nichtdeutschen zurechtzuweisen und der staatlichen Kontrolle zuzuführen. Als zweite Möglichkeit wird eine Art Konkurrenzkampf zwischen Ausländern und Deutschen als möglicher Grund für die Erhöhung der Anzeigebereitschaft angegeben. Sieht ein Deutscher einen Migranten als Konkurrenten, so kann er im Falle einer Straftat – tatsächlich oder unterstellt – den Migranten kriminalisieren und anzeigen und somit in die unteren Kategorien der Sozialstruktur abdrängen. Als dritte Möglichkeit, weshalb die Anzeigebereitschaft gegenüber Nichtdeutschen erhöht sein könnte, sehen die Autoren die häufige Unterstellung, Ausländer seien nicht in der Lage, einen Konflikt auf informellem Wege zu regeln. Deshalb müsse grundsätzlich auf die formellen Mittel zurückgegriffen werden.[342] Tatsächlich bestätigt sich in der durchgeführten Studie die Annahme, dass gegenüber Ausländern häufiger Anzeige erstattet wird als gegenüber Deutschen, aus welchen der genannten Gründe auch immer. Zugrunde liegt eine repräsentative Bevölkerungsbefragung, die als face-to-face-Erhebung angelegt war. Erhoben wurden Angaben zu Opfer- und Zeugensituationen in den letzten drei Jahren sowie bestimmte Merkmale der Tat und des Täters. Grundgesamtheit waren alle Personen, die über 18 Jahre alt und deutschsprachig waren und in Privathaushalten lebten. Die Stichprobe wurde durch ein dreifach geschichtetes Auswahlverfahren erstellt. Von den 2 081 in auswertbaren Interviews befragten Personen berichteten 910, innerhalb der vergangenen drei Jahre Opfer oder Zeuge einer Straftat

340 s. Mansel/Albrecht (2003): Die Ethnie des Täters als ein Prädikator für das Anzeigeverhalten von Opfern und Zeugen.

341 vgl. ebd., S. 342.

342 vgl. ebd., S. 342ff.

geworden zu sein. Aus dieser Personengruppe wurden diejenigen herausgenommen, die über einen Migrationshintergrund verfügten. Die Angaben der verbliebenen Befragten dienten als Grundlage für die Auswertungen bezüglich des Einflusses der Täternationalität auf die Anzeigebereitschaft.

Wenn der Täter ausländischer Herkunft ist, wird in weniger als der Hälfte der Fälle auf eine Anzeige verzichtet. Ist er deutscher Herkunft, in mehr als 60 % der Fälle.[343] Es wird auch in Betracht gezogen, dass sich dieser Zusammenhang lediglich durch eine Scheinkorrelation ergibt. Dies wäre zum Beispiel der Fall, wenn ausländische Täter den deutschen Opfern häufiger völlig unbekannt wären und Unbekannte aber öfter angezeigt würden als Bekannte, oder wenn Ausländer häufiger schwere Delikte verübten, bei schweren Delikten aber das Opfer grundsätzlich eher anzeigen würde als bei weniger schweren. Aus diesem Grund wurden die Variablen „Täter-Opfer-Beziehung" und „Art der Straftat" kontrolliert und dann der Einfluss der Ethnie des Täters auf die Anzeigebereitschaft berechnet. Aber auch dann ergibt sich, dass nichtdeutsche Täter häufiger angezeigt wurden als deutsche, unabhängig davon, ob sie den Opfern oder Zeugen vorher unbekannt, vom Sehen her bekannt oder namentlich bekannt waren oder ob eine freundschaftliche oder verwandtschaftliche Beziehung bestand.[344] Nach einer Einteilung der Delikte in verschiedene Schadenskategorien stellten die Autoren fest, dass sich die Anzeigebereitschaft und damit die Diskriminierung gegenüber Migranten besonders auffällig erhöht, wenn es sich um Delikte ohne materiellen Schaden und um Delikte mittlerer Schadenshöhe (hier bis unter 1000 DM) handelt. Auch in allen anderen Schadenskategorien, mit Ausnahme der unter 50 DM, ist der Anteil der angezeigten Fälle bei den Nichtdeutschen größer als bei den Deutschen. Die Schwere der Delikte wurde auch bei Delikten mit physischen Folgen kontrolliert und auch dann blieb der Zusammenhang zwischen Anzeigeverhalten und der Ethnie des/der Täter(s) bestehen.[345]

343 vgl. Mansel/Albrecht (2003): Die Ethnie des Täters als ein Prädikator für das Anzeigeverhalten von Opfern und Zeugen, S. 347.

344 Zu berücksichtigen sind in diesem Zusammenhang allerdings die teilweise geringen Fallzahlen.

345 vgl. Mansel/Albrecht (2003): Die Ethnie des Täters als ein Prädikator für das Anzeigeverhalten von Opfern und Zeugen, S. 349ff.

6.1.2. Bewertung der Ergebnisse zur Anzeigebereitschaft

Die Ergebnisse der Studien, insbesondere der beiden jüngsten von Schwind et al. bzw. Mansel/Albrecht, sind widersprüchlich. Ein entscheidender Vorteil der Studie von Mansel/Albrecht ist jedoch deren lokale Unbeschränktheit und die Repräsentativität der Befragung. Insofern ist dem Ergebnis dieser Studie ein hoher Stellenwert zuzuweisen. Zwar widerlegt die Studie von Schwind et al. aus jüngster Zeit die Hypothese der erhöhten Anzeigebereitschaft gegenüber Ausländern, weil die Anzeigeraten gegenüber Deutschen und Nichtdeutschen nicht signifikant voneinander abweichen. Unterschiede waren jedoch sehr wohl vorhanden, zudem waren die Fallzahlen eher gering und die Befragung außerdem auf eine Stadt beschränkt. In jedem Fall sollte der Verzerrungsfaktor Anzeigebereitschaft im Bewusstsein behalten werden, nicht nur wenn Kriminalstatistiken gelesen, analysiert und ausgewertet werden, sondern auch und besonders dann, wenn unmittelbar daraus kriminalpolitische Folgerungen gezogen werden. So fordern auch Mansel/Albrecht, bei Interpretation der Daten aus der PKS stets die möglichen Verzerrungsfaktoren, etwa die Anzeigebereitschaft, zu berücksichtigen,

> „denn aus der Polizeilichen Kriminalstatistik lassen sich lediglich Aussagen über die Aktivitäten der Polizei und über das Anzeigeverhalten in der Bevölkerung ableiten. Alle weiteren Interpretationen geraten in den Bereich der Spekulation und haben damit nichts mit wissenschaftlicher Analyse gemein, auch wenn damit nach wie vor Politik betrieben wird, eine Politik, die dann aber nur jenen zu Gute kommt, die sich mit Parolen wie ‚Ausländer raus' Gehör zu schaffen versuchen."[346]

Die Probleme der PKS im Hinblick auf die Kriminalität von Migranten, vor allem die angesprochenen Selektionsprozesse, veranlassen Brüchert sogar dazu, die PKS grundsätzlich als Anzeigestatistik anzusehen.[347]

6.2. Der „Polizeieffekt"

Systematische Selektion kann nicht nur durch das Verhalten der Bevölkerung zu Stande kommen, sondern auch auf der nächsten Ebene durch das Verhalten der Polizei. Dies kann in mehrfacher Hinsicht erfolgen. Zum einen besteht die Möglichkeit, dass Anzeigen aus der Bevölkerung,

346 Mansel/Albrecht (2003): Die Ethnie des Täters als ein Prädikator für das Anzeigeverhalten von Opfern und Zeugen, S. 367.

347 s. Brüchert (2004): Es gibt keine Kriminalstatistik, nur eine Anzeigenstatistik...und das ist auch gut so!

die sich gegen Migranten richten, von der Polizei häufiger aufgenommen werden. Zum anderen kann eine Selektion aber auch durch ein bestimmtes Kontrollverhalten und die Kontrolldichte der Polizei entstehen. Das erste Phänomen betrifft die reaktive Tätigkeit der Polizei, die proaktive Tätigkeit meint eigenständige polizeiliche Ermittlungstätigkeiten und ist insbesondere bei opferlosen Straftaten und bei Delikten, deren Opfer der Staat ist, wichtig. Insgesamt werden aber nur etwa 10 % der erfassten Straftaten durch die proaktive Tätigkeit der Polizei entdeckt.[348]

6.2.1. Die reaktive Tätigkeit der Polizei

Einem Polizeibeamten steht bei den Ermittlungen im Strafverfahren kein Ermessensspielraum zu. Die Polizei hat die Verpflichtung, ein Ermittlungsverfahren einzuleiten, wenn sie in Kenntnis einer Straftat gelangt ist.[349] Dieser Strafverfolgungszwang wird als Legalitätsprinzip bezeichnet. Dem gegenüber steht das Opportunitätsprinzip. Einem Verfahren nach dem Opportunitätsprinzip liegt ein gewisser Ermessensspielraum zu Grunde und es steht in bestimmten Ausnahmefällen nur den Staatsanwaltschaften zu.[350] De facto wird diesem aber häufig auch von der Polizei gefolgt. Es liegt dann im Ermessen des jeweiligen Polizeibeamten, ob die Anzeige aufgenommen wird oder nicht.[351] Dies sei schon allein aus Gründen der Plausibilität zu erwarten.[352] Durch diesen Mechanismus ist die Möglichkeit einer systematischen Selektion gegeben.

6.2.2. Die proaktive Tätigkeit der Polizei

Im Zusammenhang mit der proaktiven Tätigkeit der Polizei ist die Definitionsmacht ein zentraler Begriff. Die Definitionsmacht der Polizei wird als die Durchsetzung der Situationsdefinition verstanden.[353] Die Polizei hat in einer konkreten Situation die Macht, eben diese als Verdachtssituation zu definieren und entsprechend zu handeln. Vor allem unter drei bestimmten Umständen wird die Definitionsmacht der handelnden Polizisten besonders groß sein. Nämlich erstens, wenn ein Verdächtigter freiwillig davon absieht, von den ihm zustehenden Rechten Gebrauch zu machen. Zweitens, wenn der Betroffene deswegen seine Rechte nicht in

348 vgl. Albrecht (2005): Kriminologie, S. 174.

349 §§ 152, 163 StPO; s. auch Albrecht (2005): Kriminologie, S. 175.

350 §§ 153ff, 376f StPO; s. auch Albrecht (2005): Kriminologie, S. 193ff.

351 vgl. Rebmann (1998): Ausländerkriminalität in der Bundesrepublik Deutschland, S. 241f.

352 vgl. Albrecht (2005): Kriminologie, S. 175.

353 vgl. Feest/Blankenburg (1971): Die Definitionsmacht der Polizei, S. 19.

Anspruch nimmt, weil er nicht um sie weiß oder drittens, wenn der Betroffene erkennt, dass seine Rechte verletzt werden, er aber nicht über ausreichend Beschwerdemacht verfügt, dagegen vorzugehen.[354] Bei unter Verdacht stehenden Ausländern sind insbesondere die Punkte zwei und drei ausschlaggebend. Migranten sind, ebenso wie viele Deutsche, meist mit dem deutschen Rechtssystem nicht vertraut und nur ungenügend über ihre Rechte informiert, wie etwa das Aussageverweigerungsrecht. Im anderen Fall, wenn die Verletzung von Rechten erkannt wird, ist dieser z.B. aus Mangel an Sprachkenntnissen, aber auch aus Mangel an juristischer Beratung durch einen Anwalt häufig nichts entgegenzusetzen. Zudem hängt die Definitionsmacht der Polizei vom sozialen Status der Betroffenen insgesamt ab, ob dieser z.B. über einen festen Wohnsitz verfügt oder ob er sozial machtlos ist.[355] Aufgrund der Tatsache, dass Migranten überproportional häufig einen niedrigeren sozialen Status haben (s. Punkt III.5.3.), erhöht sich ihnen gegenüber die Definitionsmacht.

Feest/Blankenburg weisen auf handlungsleitende Theorien als weiteren Selektionsmechanismus hin. Sie erläutern diese ebenfalls im Zusammenhang mit der schichtspezifischen Kriminalität und werfen, wie auch in Punkt III.5.3.4. geschehen, die Frage auf,

> „ob die Angehörigen der unteren Schichten tatsächlich häufiger strafbare Handlungen begehen, wie es von einer Reihe soziologischer [...] und psychologischer Theorien [...] behauptet wird, oder ob dieses lediglich ein Resultat des Sanktionsverhaltens von Polizei und anderen Strafverfolgungsorganen ist."[356]

Handlungsleitende Theorien sind Konzeptionen, die den Menschen zur Orientierung in der Alltagswelt dienen. Bei der Polizei sei eine dieser Orientierungen die Zuordnung von „anständig" zu „sozial bessergestellt" und „verdächtigt" zu „sozial schlechtergestellt". Diese Einordnung in Kategorien anhand des sozialen Status führt schnell zu einem generalisierten Verdacht. Dieser kann sich allerdings nicht nur auf Merkmale der Individuen beziehen, wie verdächtiges Aussehen oder verdächtiges Benehmen, sondern kann sich ebenfalls auf bestimmte Gegenden beziehen.[357] In der Folge werden nicht nur von vornherein verdächtige Personen kontrolliert, sondern auch Wohngegenden, in denen sozial schlechter gestellte Personen, also auch Migranten, häufig leben. Der

---

354 vgl. Feest/Blankenburg (1971): Die Definitionsmacht der Polizei, S. 45.

355 vgl. ebd., S. 116ff.

356 ebd., S. 114.

357 vgl. ebd., S. 35ff.

Effekt, dass eine erhöhte Kontrolldichte der Polizei zwangsläufig auch zu einer erhöhten Kriminalitätsrate in der betroffenen Gegend führt, ist auch unter dem Stichwort Lüchow-Dannenberg[358] in der Kriminologie bekannt.

Abgesehen von den bereits genannten Mechanismen kann die Schichtzugehörigkeit auch Auswirkungen auf das Verhalten in der Beschuldigtenvernehmung haben. Angehörige unterer sozialer Schichten seien besonders suggestivfähig[359], wodurch sie häufiger dahingehend beeinflusst werden können, etwas zu sagen oder zuzugeben, was sie nicht getan haben.

6.2.3. Bewertung der Ergebnisse zum Polizeieffekt

Die Vermutung, dass aufgrund der Vorgehensweise der Polizei eine Ungleichbehandlung von Deutschen und Nichtdeutschen stattfindet, ist zumindest in Betracht zu ziehen. Grund dafür muss nicht unbedingt eine unter Polizisten besonders große Neigung zu Fremdenfeindlichkeit und „Antihaltung gegenüber Ausländer[n]“[360] sein. Dies wurde vor allem Anfang und Mitte der 90er Jahre beispielsweise aufgrund von negativen Erfahrungen von Polizisten mit ausländischen Straffälligen, Frustration oder eigener Unzufriedenheiten[361] angenommen und teilweise empirisch belegt. So forderte in Befragungen unter Frankfurter Polizeibeamten in den Jahren 1993 und 1994 die Mehrheit der Befragten ein repressiveres Vorgehen gegen nichtdeutsche Tatverdächtige. Nur eine qualifizierte Mehrheit hielt auch gegenüber nichtdeutschen Tatverdächtigen eine am Gleichheitsgrundsatz ausgerichtete Vorgehensweise für richtig. Auch die Antworten auf Fragen nach der generellen Einstellung gegenüber Migranten ergaben deutliche Hinweise auf ein überdurchschnittliches fremdenfeindliches Potenzial unter den befragten Polizeibeamten. Sogar der Aussage, ausländische Jugendliche neigten von Natur aus stärker zur Kriminalität und Gewalt, stimmten 13 % der Befragten zu. Das Einbezie-

---

358 Wegen gewalttätiger Demonstrationen wurde in Lüchow-Dannenberg 1981 die Kriminalpolizei verstärkt. Die Folge war, dass innerhalb der nächsten Jahre die Tatverdächtigenzahl erheblich stieg, deutlicher als in umliegenden Gebieten und auch, nachdem die Demonstrationen bereits beendigt waren. Eine erhöhte Kontrollintensität der Polizei führte also zu erhöhten registrierten Kriminalitätszahlen, vgl. Schwind (2006): Kriminologie, S. 53, § 2 Rn. 73.

359 vgl. Eisenberg (2005): Kriminologie, S. 319, § 28 Rn. 24ff.

360 Franzke (1993): Polizei und Ausländer, S. 615.

361 vgl. ebd., S. 617f.

hen von Migranten in den Polizeidienst wurde sehr kritisch gesehen.[362] Abgesehen von fremdenfeindlichen Einstellungen als Grund für das Verhalten der Polizei gegenüber Migranten, kann aber die ungleiche Behandlung auch ein unbewusstes Handeln der Individuen sein. Es ergibt sich aus verallgemeinerten Vorstellungen im Sinne eines generalisierten Verdachts oder aus den angesprochenen handlungsleitenden Theorien, die das Verhalten der Individuen unbewusst steuern. Sicherlich kann auch dieser Annahme entgegenstehend behauptet werden, dass Polizisten gegen Migranten seltener vorgehen, gerade um dem Anschein ausländerfeindlicher Vorgehensweisen entgegenzuwirken, wie es auch Schwind et al. in Bezug auf die Anzeigebereitschaft der Bevölkerung als Vermutung geäußert haben. Zu Feest/Blankenburg merkt Bock an, dass Personen oberer Schichten zwar über eine größere Beschwerdemacht verfügen und somit die Definitionsmacht der Polizei begrenzen können. Jedoch sieht Bock es als Fehler, im Verhalten der Polizei schichtspezifische Tendenzen zu sehen. Nach Bock handele es sich eher um eine spezielle soziale Auffälligkeit, die mit dem Lebensstil einher geht.[363] Auch andere Studien, wie z.B von Peters[364], zeigten, dass die Schichtzugehörigkeit allein noch nicht die Entscheidung der Instanzen bestimmt.[365]

Brüchert merkt allerdings an, dass es vor allem Delikte sind, die im Rahmen von staatlicher Kontrolltätigkeit aufgedeckt werden, die in den letzten Jahrzehnten deutlich gestiegen sind und bei welchen der Anteil an Nichtdeutschen besonders hoch ist, z.B. opferlose Delikte der strafrechtlichen Nebengesetze. Ist dies tatsächlich der Fall, spricht das dafür, dass die betreffenden Personen nicht krimineller geworden sind, sondern durch intensivere Kontrollen mehr Delikte erfasst werden konnten. Insbesondere für die Kriminalität der Gruppe der „Sonstigen" in der PKS sei die Kontrolltätigkeit der Polizei ausschlaggebend. Bei diesen Tatverdächtigen handle es sich um eine Gruppe, die aufgrund ihres Status in ständigem Kontakt mit den Behörden ist. Dadurch ist es auch einfacher, die betreffenden Personen zu kontrollieren.[366]

362 vgl. Jaschke (1997): Öffentliche Sicherheit im Kulturkonflikt, S. 130ff.

363 vgl. Bock (2007): Kriminologie, S. 276, § 16 Rn. 803.

364 s. Peters (1973): Richter im Dienst der Macht.

365 vgl. Bock (2007): Kriminologie, S. 277, § 16 Rn. 807.

366 vgl. Brüchert (2000): Die Ausländerkriminalität sinkt nicht!, S. 4.

6.3. Prozesse bei Staatsanwaltschaften und Gerichten als weiterer Hinweis auf Selektion durch Bevölkerung und Polizei?

Welche Selektionsprozesse möglicherweise auf Ebene der Staatsanwaltschaften und Gerichte ablaufen, ist Untersuchungsgegenstand der Instanzenforschung. Sie hat ihren Ausgangspunkt in der Annahme, dass es Anwendungsregeln oder Handlungsvorgaben gibt, nach denen sich die Auslegung der konkreten strafrechtlichen Normen richtet. Diese Anwendungsregeln bringen einen weiten Entscheidungsspielraum mit sich und leiten sich z. B. von bestimmten Vorurteilsstrukturen ab.[367]

Lange Zeit war der Anteil von nichtdeutschen Abgeurteilten und Verurteilten an nichtdeutschen Tatverdächtigen geringer als der Anteil von deutschen Verurteilten und Abgeurteilten an deutschen Tatverdächtigen. Das bedeutet, dass die Vorwürfe, die in Form einer Anzeige gegenüber Nichtdeutschen erhoben werden, vor Staatsanwaltschaft und Gericht seltener Bestand hatten als Anzeigen gegen Deutsche. Verschiedene mögliche Erklärungen wurden für dieses Phänomen gefunden. Es kann, wie bereits angesprochen (s. Punkt III.6.1.1.3.), als eine weitere Bestätigung für eine erhöhte Anzeigebereitschaft gegenüber Ausländern gewertet werden.[368] Außerdem ist im Sinne der Diskriminierungsthese[369], auch als selektiver Ansatz bezeichnet[370], davon auszugehen, dass die Polizei gegenüber Ausländern häufiger dem Legalitätsprinzip folgt als bei Anzeigen, die sich gegen Deutsche richten, wo gesetzwidrig nach dem Opportunitätsprinzip vorgegangen wird. Auf der Bevölkerung und auf der Polizei laste ein Strafverfolgungsdruck, der zu einer erhöhten Anzeigerate führe.[371] Dafür spräche auch, dass von der Polizei als Straftat eingestufte Taten von der Staatsanwaltschaft herabgestuft werden und somit nicht mehr unter eine Norm des Strafgesetzbuches fallen. Außerdem werde das Verfahren wegen mangelndem öffentlichen Interesse oder Geringfügigkeit eingestellt.[372]

367 vgl. Bock (2007): Kriminologie, S. 274f., § 16 Rn. 797.

368 s. Geißler/Marißen (1990): Kriminalität und Kriminalisierung junger Ausländer, S. 675; Rebmann (1998): Die Ausländerkriminalität in der Bundesrepublik Deutschland, S. 221; Villmow (1999): Ausländer als Täter und Opfer, S. S26.

369 vgl. Rebmann (1998): Die Ausländerkriminalität in der Bundesrepublik Deutschland, S. 221.

370 vgl. Villmow (1999): Ausländer als Täter und Opfer, S. S26.

371 vgl. Rebmann (1998): Die Ausländerkriminalität in der Bundesrepublik Deutschland, S. 221.

372 vgl. Geißler/Marißen (1990): Kriminalität und Kriminalisierung junger Ausländer, S. 675.

Für Geißler/Marißen ist der Prozess, welcher bei den Staatsanwaltschaften und den Gerichten abläuft, ein dem bei der Anzeige und bei der polizeilichen Kontrolle gegenläufiger und würde somit die dort entstandene Dramatisierung, wie sie vor allem gegenüber jungen Ausländern unter 21 Jahren festzustellen ist[373], ausgleichen. Die Staatsanwaltschaft erfülle eine „Schutzfunktion vor einer mehr oder minder willkürlichen Handhabung der Strafgesetze"[374]. Als Basis für den Vergleich der Kriminalitätsbelastung von Ausländern und Deutschen müsste also die Anzahl an Abgeurteilten und Verurteilten dienen, nicht an Tatverdächtigen.

6.3.1. Die Angleichung der Abgeurteilten- und Verurteiltenquoten von Deutschen und Nichtdeutschen

Auch wenn diese Erklärungsansätze plausibel scheinen und lange Zeit durch die empirischen Ergebnisse bestätigt wurden, hat in den letzten Jahren eine andere Entwicklung eingesetzt. Der Unterschied zwischen dem Tatverdächtigen- und dem Verurteiltenanteil Nichtdeutscher an allen Tatverdächtigen bzw. Verurteilten hat sich in den letzten Jahren immer weiter verringert, die Verurteiltenquoten gleichen sich, zumindest für die Gesamtheit der Delikte, immer weiter an.[375] Eine Reduzierung des Strafvorwurfs durch die Justiz finde nur noch bei Gewaltdelikten statt.[376] Mansel/Albrecht stellen konkret noch Unterschiede vor allem bei Raub und schwerem Diebstahl fest.[377] Eine Überprüfung dieser Ergebnisse des KFN für die Jahre 2001 und 2002 hat ergeben, dass für 14- bis 21-Jährige nur noch für den schweren Diebstahl eine niedrigere Anklagequote im Vergleich zu den Deutschen besteht. Für Vergewaltigung und Tötungsdelikte jedoch haben Nichtdeutsche jetzt sogar eine höhere Anklagequote. Für über 21-Jährige ist die Anklagequote weiterhin bei Raubdelikten und Vergewaltigung bei den deutschen Tatverdächtigen höher. Aber

373 vgl. Geißler/Marißen (1990): Kriminalität und Kriminalisierung junger Ausländer, S. 678; Eisenberg (2005): Kriminologie, S. 832, § 50 Rn. 76.

374 Mansel (1989): Die Selektion innerhalb der Organe der Strafrechtspflege am Beispiel von jungen Deutschen, Türken und Italienern, S. 119.

375 vgl. Eisenberg (2005): Kriminologie, S. 828, § 50 Rn. 64; Rebmann (1998): Die Ausländerkriminalität in der Bundesrepublik Deutschland, S. 220; Pfeiffer et al. (2005): Migration und Kriminalität, S. 23. s. auch Erster periodischer Sicherheitsbericht (2001): S. 314.

376 vgl. Rebmann (1998): Die Ausländerkriminalität in der Bundesrepublik Deutschland, S. 220.

377 vgl. Mansel/Albrecht (2003): Migration und das kriminalpolitische Handeln staatlicher Strafverfolgungsorgane, S. 700ff.

auch in dieser Altersgruppe werden Nichtdeutsche bei Tötungsdelikten häufiger angeklagt. Die Unterschiede sind allerdings generell gering.[378]

Die Angleichung kann unter anderem[379] damit erklärt werden, dass es keine erhöhte Anzeigebereitschaft der Bevölkerung gegenüber Ausländern mehr gibt, die durch die Staatsanwaltschaften und Gerichte ausgeglichen werden müsste. Ein weiterer Grund für die Angleichung der Verurteiltenquoten könnte sein, dass innerhalb der Polizei ein Wandel stattgefunden hat. Die Problematik der Kriminalitätsraten von Ausländern, bzw. der Behandlung von Migranten ist ins Bewusstsein der Polizei gerückt. Dies äußert sich z.B. in der Veränderung der Ausbildung von Polizisten und der zunehmenden Anzahl von Migranten im Polizeidienst.[380] Die Forderung nach einer sozialwissenschaftlichen Ausbildung der Polizisten, die Feest/Blankenburg schon Anfang der 70er Jahre stellten[381], hätte sich also erfüllt. Die Staatsanwaltschaften und Gerichte müssten nicht mehr als Korrektiv fungieren.

Dies ist jedoch fraglich. Dieser These liegt die Annahme zu Grunde, dass Staatsanwaltschaften und Gerichte an der systematischen Selektion nicht beteiligt sind, da sie streng nach Gesetz handeln und keine Ermessensentscheidungen treffen. Die Angleichung der Abgeurteilten- und Verurteiltenquoten kann auch anders interpretiert werden, wenn die Frage gestellt wird, ob denn bei den Gerichten tatsächlich eine Korrektur des „irrationalen" Verhaltens von Bevölkerung und Polizei stattfindet, weil Gerichte rational handeln und an Normen gebunden sind, an welche sie sich auch strikt halten. Ludwig-Meyerhofer/Niemann[382] bezweifeln dies und befassen sich im Rahmen einer Untersuchung mit der Kriminalisierung auf der Ebene der gerichtlichen Sanktionierung. Ihre Ergebnisse weisen nicht auf eine Korrektur, sondern auf eine Fortführung des diskriminierenden Verhaltens durch Bevölkerung und Polizei auf Ebene der Staatsanwaltschaften und Gerichte hin. Den oben genannten Entwicklungen der Abgeurteilten- und Verurteiltenquoten von Deutschen und Nichtdeutschen steht außerdem eine Studie von Mansel/Albrecht aus dem Jahr 2003 entgegen, die nach wie vor eine niedrigere Aburteilungs-

---

378 vgl. Pfeiffer et al. (2005): Migration und Kriminalität, S. 23f.

379 Eine weitere Interpretation bietet eine Modifikation des ermittlungspraktischen Ansatzes, der nicht mehr nur für Nichtdeutsche Gültigkeit habe. s. dazu. Pfeiffer et al. (2005): Migration und Kriminalität, S. 24.

380 vgl. Pfeiffer et al. (2005): Migration und Kriminalität, S. 24.

381 vgl. Feest/Blankenburg (1971): Die Definitionsmacht der Polizei, S. 118.

382 s. Ludwig-Meyerhofer/Niemann (1997): Gleiches (Straf-)Recht für alle?

und Verurteilungswahrscheinlichkeit für Migranten belegt. Die Autoren schlussfolgern,

> „dass das Ausmaß und der Umfang der Ausländerkriminalität keineswegs ein Phänomen ist, welches ausschließlich am Verhalten der Betroffenen festzumachen ist. Die Reaktionen von Opfern und Zeugen [...] und auch die innerhalb der Organe der Strafrechtspflege verfolgten Handlungsstrategien tragen maßgeblich dazu bei, wie ‚kriminell' die Zuwanderer zu sein scheinen."[383]

6.3.2. Bewertung der Ergebnisse zur Selektion bei Staatsanwaltschaft und Gerichten

Bis vor einiger Zeit haben die Prozesse bei Staatsanwaltschaften und Gerichten, deren Folge eine geringere Abgeurteilten- und Verurteiltenquote bei Nichtdeutschen war, die These der erhöhten Anzeigebereitschaft der Bevölkerung und die These des Polizeieffekts bestätigt. Staatsanwaltschaften und Gerichten wurde eine regulierende Wirkung zugeschrieben. Dass sich die Quoten heute nicht mehr deutlich unterscheiden, wird als Hinweis darauf gewertet, dass von einer erhöhten Anzeigebereitschaft und einem Polizeieffekt nicht mehr die Rede sein könne. Doch scheint es kein eindeutiger empirischer Beweis zu sein, da erstens die Angleichung der Quoten nicht in allen Studien bestätigt wird und zweitens die Angleichung auch auf systematische Selektionsprozesse bei den Staatsanwaltschaften und Gerichten zurückgeführt werden kann. Außerdem gibt es keine Erklärung dafür, weshalb sich das Verhalten der Bevölkerung gegenüber Migranten so sehr geändert haben sollte.

6.4. Gesamtbewertung des Selektionsprozesses

Das Vorhandensein des Selektionsprozesses kann nur durch empirische Studien belegt werden. Derer gibt es, wie gesehen, vor allem zur Anzeigebereitschaft bereits einige, die jedoch zu unterschiedlichen Ergebnissen kommen. Vor allem zum Polizeieffekt liegen keine umfassenden Studien vor, die entscheidende Faktoren berücksichtigen. Dennoch scheint es plausibel, von einem anderen Verhalten der Bevölkerung und der Polizei gegenüber Migranten als gegenüber Deutschen auszugehen. Es besteht die Tendenz, dass dieses Verhalten sich negativ für die Migranten auswirkt. So kommt es zu einer Kriminalisierung durch eine erhöhte Anzeigebereitschaft der Bevölkerung, die geringe Bagatellisierungsbereitschaft der Polizei gegenüber ausländischen Tatverdächtigen sowie

383 Mansel/Albrecht (2003): Migration und das kriminalpolitische Handeln staatlicher Strafverfolgungsorgane, S. 714.

durch einen generalisierten Verdacht gegenüber Ausländern. Dieses unterschiedliche Verhalten von Bevölkerung und Polizei gegenüber Migranten ist nicht nur auf deren Eigenschaft, Migrant zu sein, zurückzuführen, sondern ebenso auf deren sozialen Status. Insofern kann nun an dieser Stelle die Vermutung geäußert werden, dass die unterschiedlichen Sozialstrukturen von Deutschen und Nichtdeutschen durchaus einen Einfluss auf die Kriminalisierung von Migranten haben. Diese Kriminalisierung ist nicht eindeutig zu quantifizieren, vor allem diejenige auf Ebene der Polizei nicht. Dies macht eine Einschätzung des genauen Ausmaßes der Auswirkungen auf die Daten der PKS schwierig.

IV. Ergebnisse und Bewertung

1. Zusammenfassung

Sieben bedeutende Faktoren, die die Daten der PKS hinsichtlich der Kriminalität von Migranten zum Teil verfälschen, zumindest aber verzerren, wurden genannt und erläutert. Diese waren das Dunkelfeld insgesamt; das Nichterfassen von Migranten mit deutscher Staatsangehörigkeit, insbesondere Aussiedler; das Miteinbeziehen bestimmter Gruppen von Ausländern, z.B. von Ilegalen; die (Nicht-)Berücksichtigung bestimmter Straftatengruppen; die räumliche Verteilung; die unterschiedlichen Alters-, Geschlechts- und Sozialstrukturen sowie der Selektionsprozess. In einigen Fällen wirken sich die Verzerrungen sicherlich zu Lasten der Migranten aus, in anderen kann keine abschließende Aussage getroffen werden.

Offizielle Kriminalstatistiken machen keine Aussage über die Kriminalität im Dunkelfeld. Schon allein diese Tatsache sollte Anlass sein, die PKS nicht als einzige Basis für Aussagen über die Kriminalität in Deutschland allgemein, aber vor allem nicht für Aussagen über die Kriminalität von Migranten in Deutschland zu verwenden. Insbesondere für die Erfassung und Beschreibung der Kriminalität von Migranten bieten Dunkelfeldstudien einen beachtlichen Mehrwert gegenüber der PKS. Aussiedler und Eingebürgerte, die ebenso Migranten sind wie Personen, die keinen deutschen Pass besitzen, müssen bei Aussagen über die Kriminalität von Migranten ebenfalls Berücksichtigung finden. Die Nichterfassung der Kriminalität von eingebürgerten Migranten in der PKS könnte als Faktor gewertet werden, der sich zu Gunsten der Kriminalitätsraten von Migranten auswirkt. Dem ist jedoch entgegenzuhalten, dass die Voraussetzung für die Einbürgerung die Integration ist, die unter anderem an den Kriterien Arbeit, Deutschkenntnisse und Straffreiheit festgemacht wird. In der Folge erhöht sich die relative Kriminalitätsbelastung der Nichtdeutschen, da die „Integrierten“ zu Deutschen werden und somit als Nichtdeutsche aus der Statistik fallen.[384] Insofern könnte das Nichterfassen der Eingebürgerten auch eine Verzerrung zu Lasten der Nichtdeutschen in der PKS darstellen.

Die von den Deutschen verschiedene Alters-, Geschlechts- und Sozialstruktur der Migranten ist ebenso wie der überwiegende Aufenthalt von Migranten in Städten und Großstädten ein Faktor, der sich negativ auf die Kriminalitätsrate der Nichtdeutschen in der PKS auswirkt, sei es aufgrund tatsächlich höherer Kriminalität oder aufgrund von Kriminalisierungsprozessen. Die Unterschiede in der Geschlechtsstruktur fallen allerdings heute im Vergleich zu früher nur noch gering aus. Der Selektionsprozess durch Bevölkerung und Polizei geht zwar auch zu Lasten der Angehörigen unterer Schichten insgesamt, da Migranten diesen aber oft angehören und zusätzlich noch „Ausländer“ sind, wirkt sich der Prozess doppelt nachteilig auf die Erfassung ihrer Kriminalität in der PKS aus.

Das Miteinbeziehen bestimmter Gruppen, wie den Illegalen oder den Touristen, führt dann zu falschen Aussagen, wenn nicht generell von durch Ausländern begangene Straftaten in Deutschland die Rede sein soll, sondern von der Kriminalität der in Deutschland lebenden Migranten. Schließlich ist die mangelnde Integration[385] einer der am häufigsten genannten Gründe für die Kriminalität von Ausländern, welcher aber zumindest für Durchreisende und Touristen überhaupt keine Rolle spielt. Dieser Faktor führt vor allem auch dann zu Verzerrungen, wenn der Anteil von Nichtdeutschen an allen Tatverdächtigen mit dem Anteil von Nichtdeutschen an der Gesamtbevölkerung verglichen wird. Die Berechnung der TVBZ für Nichtdeutsche anhand der Daten der PKS und der Bevölkerungsstatistik findet in der PKS nicht statt. Trotzdem wird in der öffentlichen Diskussion stets ein Vergleich zwischen dem Anteil der Nichtdeutschen an den Tatverdächtigen und dem Anteil der Nichtdeutschen an der Wohnbevölkerung gezogen.

Das (Nicht-)Erfassen bestimmter Straftaten geht eher zu Lasten der Nichtdeutschen als zu Lasten der Deutschen. Nach Eisenberg wirkt sich die Tatsache, dass Straßenverkehrsdelikte nicht in die PKS aufgenommen werden, zum Nachteil der Nichtdeutschen aus.[386] Dies muss auf jeden Fall auch für das Erfassen der ausländerspezifischen Straftaten angenom-

---

384 vgl. Pfeiffer et al. (2005): Migration und Kriminalität, S. 25f.

385 s. z.B. BMI/BMJ (2001): Erster periodischer Sicherheitsbericht, S. 71.

386 vgl. Eisenberg (2005): Kriminologie, S. 826, § 50 Rn. 61.

men werden. Diese Verzerrung kann bereinigt werden. Die um diesen Faktor bereinigten Daten werden auch in der PKS gesondert ausgewiesen. Bemängelt wird daran, dass aus erfassungstechnischen Gründen so auch all diejenigen Tatverdächtigen aus der Statistik fallen, die außer einer ausländerspezifischen Straftat noch ein weiteres Delikt begangen haben. Es handle sich dabei um eine Verzerrung zu Gunsten der Nichtdeutschen.[387]

2. Versuch der Bereinigung

Während Faktoren wie das Miteinbeziehen von ausländerspezifischen Straftaten oder aber Straftaten, die von Touristen oder Illegalen begangen werden, durch Berechnungen berücksichtigt werden können, so gestaltet sich dies für die anderen genannten Faktoren schwierig. Den unterschiedlichen Alters-, Geschlechts- und Sozialstrukturen sowie der räumlichen Verteilung kann durch Bilden einer Vergleichsgruppe des deutschen Bevölkerungsteils Rechnung getragen werden. Das Erfassen der Kriminalität von eingebürgerten Migranten in der PKS jedoch ist nicht möglich. Hierzu liegen, abgesehen von einzelnen Studien speziell zur Aussiedlerkriminalität, keine Daten vor. Auch die Ergebnisse aus Studien zur Anzeigebereitschaft und zur systematischen Selektion durch die Polizei liefern keine Daten, die für exakte statistische Neuberechnungen genutzt werden könnten. Insofern sind die aufgeführten verzerrenden Faktoren als Hinweis aufzufassen. Die in der PKS veröffentlichten Daten sind unter vielerlei Aspekten zu relativieren und differenziert zu betrachten.

Geißler unternahm 1995 dennoch den Versuch, die Daten der Kriminalstatistik durch ein achtstufiges „Reinigungsverfahren"[388] zu bereinigen. Hierzu zog er zunächst die ausländerspezifischen Delikte, die Kriminalität von Touristen und die von Asylbewerbern vom Gesamtanteil der von nichtdeutschen begangenen Straftaten ab. Ferner berücksichtigte er die Verzerrungen durch einen falschen oder übertriebenen Tatverdacht. Er wies außerdem auf Etikettierungs- und Ausleseprozesse hin, die aber aufgrund fehlender Daten nicht in den Reinigungsprozess mit einbezogen wurden. Zur Berücksichtigung der sozialstrukturellen Verzerrungen zu Lasten von Ausländern bildete Geißler eine deutsche Vergleichsgruppe. Nach Abschluss des Verfahrens kommt Geißler zu dem Ergeb-

387 vgl. Schwind (2006): Kriminologie, S. 471, § 23 Rn. 5; Dörmann (2004): Zahlen sprechen nicht für sich, S. 313.

388 Geißler (1995): Das gefährliche Gerücht von der hohen Ausländerkriminalität, S. 33.

nis, dass der Ausländeranteil an allen Tatverdächtigen nur noch 6 % beträgt, zuvor waren es über 32 %. Selektionsprozesse sind bei diesem Wert noch nicht berücksichtigt. Er schließt daraus, dass Ausländer nicht etwa häufiger, sondern seltener ein Delikt begehen als Deutsche in vergleichbarer Soziallage.[389] Er führt dies auf die migrationssoziologische und empirisch belegte These zurück, dass Migranten eine besondere Anpassungswilligkeit an den Tag legten und sich nach und nach an das Verhalten, mithin auch das kriminelle Verhalten der Bevölkerung des Gastlandes anpassten. Je länger Migranten sich also im Gastland aufhalten, desto höher ihre Kriminalitätsbelastung, wenn auch nicht höher als die einer vergleichbaren Bevölkerungsgruppe des Aufnahmelandes. Geißler geht noch einen Schritt weiter und behauptet, durch die Zuwanderung von Ausländern habe sich das Ausmaß der Kriminalität verringert, nicht erhöht. Migranten würden in Positionen gedrängt, die erhöhte Kriminalisierungsrisiken bergen. Durch die erwähnte Anpassungshypothese jedoch sind sie dazu im Stande, sich mit den aus der Zugehörigkeit zur Unterschicht ergebenden Nachteilen besser zu arrangieren, als Deutsche es könnten.[390] Geißler fordert eine massive Bekämpfung des „gefährliche[n] Gerücht[s] von der hohen Ausländerkriminalität"[391], wozu auch das BKA durch die Gestaltung der PKS wesentlich beitragen könnte. Hier kritisiert er die umstrittene Kategorie der „nichtdeutschen Tatverdächtigen" insgesamt, die viele verschiedene Gruppen unter einem Begriff zusammenfasst, sowie die Publikation problematischer statistischer Daten, auch wenn dies unter dem Hinweis auf die Schwierigkeit des Vergleichs zwischen deutschen und nichtdeutschen Tatverdächtigen erfolgt.[392]

Hinsichtlich der Korrekturen von sozialstrukturellen Verzerrungen zu Lasten der Ausländer merkt Geißler zwar an, dass

> „die errechneten Werte [...] keine realen, sondern fiktive Größen [sind], die am faktischen Umfang der vermeintlichen ‚Bedrohung' durch kriminelle Handlungen der Ausländer nichts ändern; sie lassen diese aber in einem völlig anderen Licht erscheinen."[393]

Das Vorgehen, wie es hier am Beispiel Geißlers illustriert wurde, wird von einigen Autoren scharf kritisiert als der Versuch, durch das Heraus-

389 vgl. Geißler (1995): Das gefährliche Gerücht von der hohen Ausländerkriminalität, S. 37.

390 vgl. ebd., S. 37f. s. auch Geißler (2003): Gesetzestreue Arbeitsmigranten, S. 377.

391 Geißler (1995): Das gefährliche Gerücht von der hohen Ausländerkriminalität.

392 vgl. ebd., S. 38f.

393 ebd., S. 36.

rechnen bestimmter Variablen die Kriminalitätsbelastung der Nichtdeutschen als „künstliches Produkt der Statistik erscheinen zu lassen"[394]. Dies sei kriminologisch unergiebig, weil die Schwierigkeit der so genannten Ausländerkriminalität gerade darin liege, dass eben Sprachprobleme vorhanden seien, Migranten mehrheitlich in größeren Städten leben würden usw.[395]

> „Das immer weitergehende Herausrechnen von Merkmalen, [...], führt letztlich kriminalstatistische Vergleiche insgesamt ad absurdum. Vergliche man etwa nur die Hausmänner mit den Hausfrauen gleicher Bildung, gleicher Freizeit- und Kontaktmuster, gleicher Risikobereitschaft usw. so würde selbst die Kriminalitätsbelastung von Männern im Vergleich zu Frauen kaum höher ausfallen."[396]

Auch Steffen merkt hierzu an:

> „Dennoch wurde und wird – auch und gerade innerhalb der Kriminologie – Ausländerkriminalität ignoriert, weggerechnet oder zum kriminalstatistischen Phantom oder Artefakt erklärt [...]. Das ist eine Vorgehensweise, die fatale Folgen hat: Denn durch die Tabuisierung dieses Themas wird keineswegs die befürchtete Diskriminierung von Ausländern verhindert, wohl aber jeder rationale Diskurs über Ausländerkriminalität."[397]

Über das Bilden einer Vergleichsgruppe mit gleicher sozialstruktureller Zusammensetzung lässt sich zwar eine Aussage über die Kriminalitätsbelastung sozialstrukturell gleicher deutscher und nichtdeutscher Gruppen machen. Dies täuscht jedoch darüber hinweg, dass vielleicht gerade darin ein Problem zu sehen ist, dass überproportional viele Migranten in den sozialen Unterschichten zu finden sind. Denn wäre diese Tatsache nicht gegeben, so wäre weder die Wahrscheinlichkeit kriminell, noch die Wahrscheinlichkeit kriminalisiert zu werden, eine für Deutsche und Migranten unterschiedliche.

Die Frage ist, ob die Tatsachen, weshalb Migranten eventuell häufiger kriminell werden, aufgedeckt und folglich beseitigt werden sollen, oder ob empirisch belegt werden soll, dass Migranten nicht per se krimineller sind als Deutsche.

394 Bock (2007): Kriminologie, S. 306f, § 19 Rn. 885; s. auch Steffen (2001): Strukturen der Kriminalität der Nichtdeutschen, S. 233; Schwind (1995): Die gefährliche Verharmlosung der „Ausländerkriminalität".

395 vgl. Bock (2007): Kriminologie, S. 306, § 19 Rn. 885.

396 ebd., S. 307, § 19 Rn. 885.

397 Steffen (2001): Strukturen der Kriminalität der Nichtdeutschen, S. 233.

3. Kritik am Begriff „Ausländerkriminalität" und an der Kategorie „Nichtdeutsche"

Dies führt zu einer generellen Kritik an der Kategorie „Ausländerkriminalität" schlechthin und deren Darstellung in der PKS unter der Kategorie „Nichtdeutsche". Der Begriff „Ausländerkriminalität" wurde in dieser Arbeit vermieden. Zum einen, weil dieser so nicht in der PKS auftaucht – dort ist von Kriminalität der „Nichtdeutschen" die Rede – zum anderen aber, weil die Kategorie und der Begriff „Ausländerkriminalität" im Gesamten mitunter kritisiert wird.

Wie bereits erwähnt, hat Geißler 1995[398] schon die Kategorie „Nichtdeutsche" in der PKS bemängelt. Ganz abgesehen von der Tatsache, dass Migranten mit deutscher Staatsangehörigkeit nicht erfasst werden, wird unter diesen Begriff eine Vielzahl unterschiedlicher Gruppen subsumiert. Dies wird bei Betrachtung der vielen verschiedenen Migrantengruppen in Deutschland deutlich (s. Teil I.). All denjenigen, die unter den Begriff des Ausländers fallen, ist die Eigenschaft gemein, Nichtdeutscher zu sein im Sinne von eine andere Staatsangehörigkeit besitzen. Die Umstände der Migration, der Migrationsanlass und die Migrationsmotive sowie rechtlicher Status, Aufenthaltsdauer und daraus folgende Lebensumstände unterscheiden sich aber teilweise deutlich. Insofern kann von einer homogenen Gruppe nicht die Rede sein. Die Verwendung des Begriffs „Nichtdeutsche" wird auch deshalb als ein Ausweichen oder sogar als Notbehelf gesehen.[399] Trotz der Verwendung eines anderen Begriffs steckt hinter der Kategorie „Nichtdeutsche Tatverdächtige" das Konzept der Ausländerkriminalität. Wie bei allen personenbezogenen Bereichsbildungen, wie z.B. auch bei der Jugendkriminalität, impliziere schon allein der Begriff, dass zwischen der Eigenschaft, Ausländer zu sein, und Kriminalität ein direkter Zusammenhang bestehe.[400] Aber genau ein solcher Zusammenhang, also die Staatsangehörigkeit an sich als ätiologische Erklärung für Kriminalität, gilt seit einiger Zeit als überholt. Dennoch werde durch die Rede von der Ausländerkriminalität und die Kategorie der Nichtdeutschen in der PKS überhaupt erst eine Problemgruppe geschaffen, deren Verhalten skandalisiert werde.[401]

---

398 s. Geißler (1995): Das gefährliche Gerücht von der hohen Ausländerkriminalität.

399 vgl. Sessar (1999): Der Begriff der „Ausländerkriminalität" im öffentlichen Diskurs, S. S30; Walter/Trautmann (2003): Kriminalität junger Migranten, S. 71.

400 vgl. Walter/Kubink (1993): Ausländerkriminalität – Phänomen oder Phantom der (Kriminal-)Politik?, S. 307, s. auch Sessar (1999): Der Begriff der „Ausländerkriminalität" im öffentlichen Diskurs, S. S32.

„Zwar gibt es unstreitig die Kriminalität von Ausländern, wie es auch etwa die Kriminalität von Atheisten, kaufmännischen Angestellten oder Ruderern gibt. Doch liefert die Staatsangehörigkeit kein Kriterium, das Kriminalität bedingt. Letzteres aber wird zumindest unterschwellig – im Sinne einer verborgenen und unreflektierten Theorie – suggeriert, wenn von der ‚Ausländerkriminalität' die Rede ist."[402]

Jede neue Spezialkriminologie führe zu einer weiteren Kriminalisierung der entsprechenden Gruppe, da allein dadurch überhaupt erst die Aufmerksamkeit der Kontrollinstanzen geweckt werde. Darin wird sogar eine soziale Verantwortlichkeit der Kriminologie insgesamt gesehen.[403]

Da all diejenigen als Ausländer erfasst werden, die nicht die deutsche Staatsangehörigkeit besitzen, könne „Ausländerkriminalität" außerdem weniger als soziale, sondern vielmehr als politische Kategorie begriffen werden, da die Gruppe, die unter den Begriff Ausländer subsumiert wird, mit den politischen Entscheidungen zur Einbürgerung zusammenhängt.[404]

Allein die Tatsache, dass eine Kategorie „Nichtdeutsche" in der PKS überhaupt existiert, und dies von Beginn an – kurz nach der NS-Zeit[405] – veranlasst Brüchert zu der Aussage, die PKS enthalte keine Daten über Ausländerkriminalität, sondern über Rassismus.[406] Er spricht von sozialer Ausschließung von Nichtdeutschen durch öffentliche Moralisierung, Etikettierung und Stigmatisierung und dem Entzug von Rechten. Aus der PKS lasse sich dieser Rassismus auf drei unterschiedlichen Ebenene ableiten, nämlich aus der diskriminierenden Gesetzgebung, den bürokratischen und polizeilichen Aufmerksamkeiten sowie den Anzeigen durch Privatpersonen.[407]

„Zusammenfassend ergibt sich ein durchgängiges Bild staatlichen und gesellschaftlichen Rassismus, wenn gegen nicht hier Staatsangehörige spezielle Strafgesetze in Anschlag gebracht werden,

401 vgl. Herz (1999): Die Kategorie „Ausländer": Bedarfsforschung für die Kriminalpolitik?, S. 20.

402 Walter (2001): Migration und damit verbundene Kriminalitätsprobleme, S. 213.

403 vgl. Pilgram (1993): Mobilität, Migration und Kriminalität – gegen die Vordergründigkeit kriminologischer Studien über Ausländer, S. 17.

404 vgl. Sessar (1999): Der Begriff der „Ausländerkriminalität" im öffentlichen Diskurs, S S31.

405 vgl. Brüchert (2000): Die Ausländerkriminalität sinkt nicht!, S. 3.

406 vgl. ebd., S. 1.

407 vgl. ebd., S. 3.

sie (insbesondere die sozial Schwachen mit prekärem Aufenthaltsstatus) von Strafverfolgung selektiv betroffen sind, und gegen sie (zu bestimmten Zeiten) eine erhöhte Anzeigebereitschaft in der Bevölkerung besteht. Die PKS handelt von sozialer Ausschließung und nicht von Kriminalität."[408]

408 Brüchert (2000): Die Ausländerkriminalität sinkt nicht!, S. 5.

C. Schlussbemerkungen

Um nicht pauschal von „den Ausländern“ oder „den Migranten“ zu sprechen, wurden zu Beginn dieser Arbeit zunächst die verschiedenen Migrantengruppen in Deutschland und deren Migrationsgeschichte vorgestellt. Unterschiede bestehen nicht nur in Bezug auf die Migrationsumstände, sondern auch in Bezug auf Merkmale wie Nationalität, Aufenthaltsgrund, rechtlicher Status und Aufenthaltsdauer. Die dargestellte Vielfalt wird in der PKS unter dem Begriff „Nichtdeutsche“ zusammengefasst. Dass die „Nichtdeutschen“ in der PKS nur ein Ausschnitt sämtlicher Migranten in Deutschland sind und eine ebenfalls sehr heterogene Gruppe, wurde auch gezeigt. Häufig ist ihnen nichts gemein außer der nichtdeutschen Staatsangehörigkeit. Dennoch werden in öffentlichen Debatten die Migranten allzu oft mit den „Nichtdeutschen“ in der PKS gleichgesetzt. Im folgenden Teil der Arbeit war bei genauerer Analyse der PKS zu sehen, dass dennoch Differenzierungen möglich sind. Diese Differenzierungen erlauben es, der Heterogenität von Migranten in Deutschland zumindest teilweise gerecht zu werden. Jedoch können nicht alle Gruppen und nicht alle Unterscheidungsmerkmale in notwendiger Weise erfasst werden. So fallen z.B. Migranten mit deutschem Pass aus der Kriminalstatistik komplett heraus. Die Gruppe der „Sonstigen“ umfasst viele verschiedene Migrantengruppen, die nicht genauer aufgeschlüsselt werden. Trotzdem liefert die differenzierte Analyse der PKS bereits Daten, welche die Aussage der bei undifferenzierter Betrachtung sehr hoch erscheinenden Kriminalität von Migranten in einem anderen Licht erscheinen lässt. So lassen sich schon anhand der PKS Aussagen über die Kriminalität von „Nichtdeutschen“ machen, die dann nicht mehr generell den „kriminellen Ausländer“ zum Thema haben, sondern bestimmte Gruppen von Ausländern. Eine solche Analyse liefert also eine Fülle an neuen Erkenntnissen. Sie darf jedoch nicht darüber hinwegtäuschen, dass einige wichtige Faktoren beachtet werden müssen, wenn Kriminalität von Migranten anhand der PKS beleuchtet werden soll. Diese Faktoren wurden anschließend betrachtet. Sie lassen die zuvor in der Analyse gewonnenen Erkenntnise aus anderer Perspektive erscheinen. Wie groß die Fehlerquellen sind und welche Auswirkungen diese auf das Bild der Kriminalität von Migranten haben können, wurde ebenfalls dargestellt. Zum Teil können die Verzerrungen in der PKS unterschiedlich gewichtet werden, bei manchen besteht auch Uneinigkeit darüber, inwiefern sie tatsächlich zu Verzerrungen führen, bzw. wie groß diese sind. Dass diese Kritikpunkte aber zu diskutieren sind, darüber besteht mehr oder weniger Einigkeit. Im letzten Teil wurde dargelegt, dass die PKS aufgrund der genannten Aspekte immer wieder in die Kritik gerät. Diese Kritik wird nicht selten zu einer generellen Kritik an der Unterscheidung zwischen deutschen und nichtdeutschen Tatverdächtigen sowie der daraus abgeleiteten Kategorie „Ausländerkriminalität“. Weder bildet die Kategorie „Nichtdeutsche“ eine homogene Gruppe, deren Mitglieder hinsichtlich sämtlicher wesentlicher Merkmale gleich wären, noch kann der Status des „Ausländers“ als kausal für Kriminalität angesehen werden, wie es der Begriff Ausländerkriminalität nach Ansicht mancher Kritiker impliziere. Abgesehen von den Mängeln der Kategorie „Nichtdeutsche“ an sich, stelle sich die Frage, ob denn nicht gerade dadurch, dass die Gruppe in der PKS gesondert ausgewiesen wird, die Problematik der Kriminalität von Ausländern überhaupt erst entstehe.

Soll von der Kriminalität von Migranten in Deutschland gesprochen werden, so kann die PKS zwar herangezogen werden, ihrer Mängel bezüglich der Kriminalität von Migranten und der Probleme, die die Kategorie „Nichtdeutsche“ mit sich bringt, muss man sich jedoch bewusst sein. Äußerungen, die sich auf die Daten der PKS stützen, müssen stets im Kontext mit den damit zusammenhängenden Problemen gemacht werden, um keine verzerrten Aussagen als objektive Wahrheit dastehen zu lassen. Umfassende Studien zur Anzeigebereitschaft sowie zu Selektionsmechanismen bei der Polizei würden außerdem helfen, die Verzerrungen der PKS zu berichtigen. Es ist zudem unumgänglich, auch Dunkelfeldstudien und deren Ergebnisse mit einzubeziehen. Hier bedarf es umfangreicher Dunkelfelduntersuchungen, die repräsentativ sind und nicht nur Jugendkriminalität, sondern Kriminalität insgesamt abfragen.

Schon Sellin stellte Folgendes fest:

> „Es ist indessen nicht länger möglich, sich bei dem Entwurf eines solchen Systems von Statistiken allein auf die offiziellen Behörden zu verlassen, die deren Wert vermutlich hautpsächlich unter dem Gesichtspunkt der administrativen Zwecke sehen. Wenn sie auch für das Studium der Kriminalität wertvoll sein sollen, muß der Sozialwissenschaftler zu Rate gezogen weren. Vielleicht muß dieser sogar davon überzeugt werden, daß es seine Pflicht als Wissenschaftler ist, größere Anstrengungen zu unternehmen, um ihre Verbesserung zu bewirken und dadurch die wissenschaftliche Bedeutsamkeit der Kriminalitätstatistiken zu erhöhen.“[409]

409 Sellin (1979): Die Bedeutung von Kriminalitätsstatistiken, S. 59.

Wie an der Vielzahl von Studien und Beiträgen zur PKS zu sehen war, wurden die Sozialwissenschaftler bereits zu Rate gezogen und haben schon einen bedeutenden Beitrag zur kritischen Betrachtung der PKS geleistet. Nach wie vor mangelt es aber daran, dass die Erkenntnisse auch in der Öffentlichkeit und in der Politik Berücksichtigung finden, sodass die Daten der Polizeilichen Kriminalstatistik zukünftig nicht mehr als die Grundlage schlechthin für Kriminalität von Migranten herangezogen werden. Denn die PKS ist in der Tat nicht leicht zu lesen. „Lug und Trug"[410] ist sie aber dann nicht, wenn sich der Rezipient der „Fallen"[411], die sie ihm stellt, bewusst ist. So soll nicht in stillem „Aberglauben"[412] an die Zahlen für das Spiegelbild der Realität genommen werden, was die Statistik zu sagen scheint. Vielmehr soll auf Grundlage der dargelegten und weiterer Ergebnisse empirischer kriminalsoziologischer Forschung ein kritischer Umgang mit der PKS in Zukunft eine objektivere und vor allem fruchtbarere Diskussion über Kriminalität von Migranten möglich machen.

---

410 vgl. Eingangszitat, Sellin (1979): Die Bedeutung von Kriminalitätsstatistiken, S. 41.

411 vgl. ebd.

412 vgl. ebd.

Anhang

Tabelle 1a: Entwicklung tatverdächtiger Kinder (bis unter 14 Jahre)

Jahr	tatverdächtige Kinder insgesamt	Verände-rung in %	Anteil an allen TV in %	deutsche	Verände-rung in %	Anteil an allen dt.TV in %	nicht-deutsche	Verände-rung in %	Anteil in % an Sp. 2	Anteil an allen NDTV in %
1	2	3	4	5	6	7	8	9	10	11
1984	66 309		5,3	51 474		4,9	14 835		22,4	7,1
1985	58 811	-11,3	4,6	44 728	-13,1	4,2	14 083	-5,1	23,9	6,1
1986	55 513	-5,6	4,2	41 009	-8,3	3,9	14 504	3,0	26,1	5,8
1987	54 790	-1,3	4,2	39 346	-4,1	3,8	15 444	6,5	28,2	6,0
1988	51 817	-5,4	3,9	36 058	-8,4	3,5	15 759	2,0	30,4	5,5
1989	56 095	8,3	4,1	38 768	7,5	3,7	17 327	9,9	30,9	5,2
1990	62 500	11,4	4,3	42 915	10,7	4,1	19 585	13,0	31,3	5,1
1991	65 205	-	4,4	45 872	-	4,3	19 333	-	29,6	4,8
1992	69 034	5,9	4,4	47 743	4,1	4,5	21 291	10,1	30,8	4,2
1993	88 276	-	4,3	66 479	-	4,9	21 797	-	24,7	3,2
1994	100 077	13,4	4,9	79 393	19,4	5,6	20 684	-5,1	20,7	3,4
1995	116 619	16,5	5,5	94 174	18,6	6,2	22 445	8,5	19,2	3,7
1996	131 010	12,3	5,9	107 085	13,7	6,7	23 925	6,6	18,3	3,8
1997	144 260	10,1	6,3	117 243	9,5	7,1	27 017	12,9	18,7	4,3
1998	152 774	5,9	6,6	125 713	7,2	7,4	27 061	0,2	17,7	4,3
1999	150 626	-1,4	6,7	123 351	-1,9	7,4	27 275	0,8	18,1	4,5
2000	145 834	-3,2	6,4	119 348	-3,2	7,0	26 486	-2,9	18,2	4,5
2001	143 045	-1,9	6,3	118 276	-0,9	6,9	24 769	-6,5	17,3	4,4
2002	134 545	-5,9	5,8	112 406	-5,0	6,4	22 139	-10,6	16,5	3,9
2003	126 358	-6,1	5,4	104 757	-6,8	5,8	21 601	-2,4	17,1	3,9
2004	115 770	-8,4	4,9	95 232	-9,1	5,2	20 538	-4,9	17,7	3,8
2005	103 124	-10,9	4,5	83 978	-11,8	4,7	19 146	-6,8	18,6	3,7
2006	100 487	-2,6	4,4	82 931	-1,2	4,7	17 556	-8,3	17,5	3,5

Quelle: BKA (Hg., 2007): Polizeiliche Kriminalstatistik 2006. Bundesrepublik Deutschland, S. 74 (T34).

Tabelle 1b: Entwicklung tatverdächtiger Kinder (bis unter 14 Jahre) in einzelnen Deliktsbereichen

Schlüssel	Straftaten(gruppe)	deutsche Kinder 2006	deutsche Kinder 2005	Veränderung absolut	Veränderung in %	nichtdeutsche Kinder 2006	nichtdeutsche Kinder 2005	Veränderung absolut	Veränderung in %
----	Straftaten insgesamt	82 931	83 978	-1 047	-1,2	17 556	19 146	-1 590	-8,3
7300	Rauschgiftdelikte BtMG	678	1 068	-390	-36,5	65	103	-38	-36,9
4***	"schwerer" Diebstahl	5 167	5 526	-359	-6,5	1 164	1 242	-78	-6,3
6400	Brandstiftung	1 722	2 004	-282	-14,1	161	204	-43	-21,1
6740	Sachbeschädigung	15 613	15 839	-226	-1,4	2 197	2 336	-139	-6,0
6730	Beleigung	2 620	2 445	175	7,2	574	534	40	7,5
26	Ladendiebstahl insges.	36 587	36 047	540	1,5	7 272	8 187	-915	-11,2

Quelle: BKA (Hg., 2007): Polizeiliche Kriminalstatistik 2006. Bundesrepublik Deutschland, S. 75 (T35).

Tabelle 2a: Entwicklung tatverdächtiger Jugendlicher (14 bis unter 18 Jahre)

Jahr	tatverdächtige Jugendliche insgesamt	Veränderung in %	Anteil an allen TV in %	deutsche	Veränderung in %	Anteil an allen dt.TV in %	nichtdeutsche	Veränderung in %	Anteil in % an Sp. 2	Anteil an allen NDTV in %
1	2	3	4	5	6	7	8	9	10	11
1985	147 173	-6,5	11,4	121 901	-9,0	11,5	25 272	8,1	17,2	10,9
1990	141 244	13,3	9,8	97 519	8,5	9,2	43 725	25,9	31,0	11,4
1991	139 709	-	9,5	95 630	-	9,0	44 079	-	31,6	10,9
1992	151 103	8,2	9,6	101 416	6,1	9,5	49 687	12,7	32,9	9,8
1993	207 944	-	10,1	150 651	-	11,1	57 293	-	27,6	8,3
1994	223 551	7,5	11,0	170 217	13,0	11,9	53 334	-6,9	23,9	8,7
1995	254 329	13,8	12,0	199 027	16,9	13,1	55 302	3,7	21,7	9,2
1996	277 479	9,1	12,5	218 350	9,7	13,8	59 129	6,9	21,3	9,5
1997	292 518	5,4	12,9	230 469	5,6	14,1	62 049	4,9	21,2	9,8
1998	302 413	3,4	13,0	240 400	4,3	14,2	62 013	-0,1	20,5	9,9
1999	296 781	-1,9	13,1	237 909	-1,0	14,3	58 872	-5,1	19,8	9,8
2000	294 467	-0,8	12,9	238 990	0,5	14,1	55 477	-5,8	18,8	9,4
2001	298 983	1,5	13,1	245 746	2,8	14,4	53 237	-4,0	17,8	9,4
2002	297 881	-0,4	12,8	246 643	0,4	14,0	51 238	-3,8	17,2	9,0
2003	293 907	-1,3	12,5	244 098	-1,0	13,6	49 809	-2,8	16,9	9,0
2004	297 087	1,1	12,5	246 679	1,1	13,4	50 408	1,2	17,0	9,2
2005	284 450	-4,3	12,3	236 042	-4,3	13,2	48 408	-4,0	17,0	9,3
2006	278 447	-2,1	12,2	232 736	-1,4	13,1	45 711	-5,6	16,4	9,1

Quelle: BKA (Hg., 2007): Polizeiliche Kriminalstatistik 2006. Bundesrepublik Deutschland, S. 76 (T36).

Tabelle 2b: Entwicklung tatverdächtiger Jugendlicher (14 bis unter 18 Jahre) in einzelnen Deliktsbereichen

Schlüssel	Straftaten(gruppe)	deutsche Jugendliche 2006	deutsche Jugendliche 2005	Veränderung absolut	Veränderung in %	nichtdeutsche Jugendliche 2006	nichtdeutsche Jugendliche 2005	Veränderung absolut	Veränderung in %
----	Straftaten insgesamt	232 736	236 042	-3 306	-1,4	45 711	48 408	-2 697	-5,6
7300	Rauschgiftdelikte BtMG	20 456	26 766	-6 310	-23,6	2 527	3 404	-877	-25,8
7318 +7328 +7338	-Cannabis und Zubereitungen	18 200	24 196	-5 996	-24,8	2 233	2 939	-706	-24,0
4***	"schwerer" Diebstahl	24 602	25 760	-1 158	-4,5	4 529	4 806	-277	-5,8
2170	sonstige Raubüberfälle Raub auf Straßen, Wegen oder Plätzen	4 047	4 242	-195	-4,6	1 882	2 037	-155	-7,6
6200	Widerstand gg. die Staatsgewalt und Straftaten gg. die öffentl. Ordnung	14 736	13 364	1 372	10,3	2 312	2 291	21	0,9
26	Ladendiebstahl insges.	54 489	53 046	1 443	2,7	10 457	11 352	-895	-7,9
2200	Körperverletzung insges.	53 959	52 336	1 623	3,1	13 021	12 891	130	1,0
6740	Sachbeschädigung	43 934	42 193	1 741	4,1	4 286	3 866	420	10,9

Quelle: BKA (Hg., 2007): Polizeiliche Kriminalstatistik 2006. Bundesrepublik Deutschland, S. 77 (T37).

Tabelle 3a: Entwicklung tatverdächtiger Heranwachsender (18 bis unter 21 Jahre)

Jahr	tatverdächtige Heranwachsende									
	insgesamt	Veränderung in %	Anteil an allen TV in %	**deutsche**	Veränderung in %	Anteil an allen dt.TV in %	**nicht-deutsche**	Veränderung in %	Anteil in % an Sp. 2	Anteil an allen NDTV in %
1	2	3	4	5	6	7	8	9	10	11
1985	151 880	2,2	11,8	125 835	0,5	11,9	26 045	11,3	17,1	11,2
1990	149 823	5,9	10,4	102 517	-1,5	9,7	47 306	26,4	31,6	12,3
1991	150 286	-	10,2	98 652	-	9,3	51 634	-	34,4	12,7
1992	160 739	7,0	10,2	93 641	-5,1	8,7	67 098	29,9	41,7	13,2
1993	208 040	-	10,1	120 527	-	8,9	87 513	-	42,1	12,7
1994	196 437	-5,6	9,6	124 423	3,2	8,7	72 014	-17,7	36,7	11,7
1995	207 136	5,4	9,8	137 757	10,7	9,1	69 379	-3,7	33,5	11,5
1996	219 928	6,2	9,9	150 630	9,3	9,5	69 298	-0,1	31,5	11,1
1997	226 279	2,9	10,0	158 971	5,5	9,7	67 308	-2,9	29,7	10,6
1998	237 073	4,8	10,2	168 853	6,2	10,0	68 220	1,4	28,8	10,9
1999	240 109	1,3	10,6	173 813	2,9	10,5	66 296	-2,8	27,6	11,0
2000	247 586	3,1	10,8	184 467	6,1	10,9	63 119	-4,8	25,5	10,7
2001	246 713	-0,4	10,8	188 227	2,0	11,0	58 486	-7,3	23,7	10,3
2002	245 761	-0,4	10,6	189 622	0,7	10,8	56 139	-4,0	22,8	9,9
2003	247 456	0,7	10,5	194 350	2,5	10,8	53 106	-5,4	21,5	9,6
2004	250 534	1,2	10,5	198 265	2,0	10,8	52 269	-1,6	20,9	9,6
2005	247 450	-1,2	10,7	197 651	-0,3	11,0	49 795	-4,7	20,1	9,6
2006	241 824	-2,3	10,6	196 710	-0,5	11,1	45 115	-9,4	18,7	9,0

Hinweis: Die 2005 und 2006 bestehenden Differenzen aus Spalte "3" minus den Spalten "5", "6" sind programmtechnischer Ursache.

Quelle: BKA (Hg., 2007): Polizeiliche Kriminalstatistik 2006. Bundesrepublik Deutschland, S. 77 (T38).

Tabelle 3b: Entwicklung tatverdächtiger Heranwachsender (18 bis unter 21 Jahre) in einzelnen Deliktsbereichen

Schlüssel	Straftaten(gruppe)	deutsche Heranwachsende 2006	deutsche Heranwachsende 2005	Veränderung absolut	Veränderung in %	nichtdeutsche Heranwachsende 2006	nichtdeutsche Heranwachsende 2005	Veränderung absolut	Veränderung in %
----	Straftaten insgesamt	196 710	197 651	-941	-0,5	45 115	49 795	-4 680	-9,4
7300	Rauschgiftdelikte BtMG	37 280	41 586	-4 306	-10,4	6 450	7 823	-1 373	-17,6
7318 +7328 +7338	-Cannabis und Zubereitungen	29 315	33 361	-4 046	-12,1	5 272	6 251	-979	-15,7
26	Ladendiebstahl insges.	16 932	17 971	-1 039	-5,8	5 473	6 886	-1 413	-20,5
5200	Veruntreuungen	645	1 011	-366	-36,2	109	152	-43	-28,3
5100	Betrug	42 061	42 403	-342	-0,8	8 971	9 858	-887	-9,0
6730	Beleidigung	12 441	11 426	1 015	8,9	1 913	1 905	8	0,4
6740	Sachbeschädigung	26 849	24 880	1 969	7,9	2 434	2 364	70	3,0
2200	Körperverletzung insges.	47 877	45 165	2 712	6,0	9 510	9 686	-176	-1,8

Quelle: BKA (Hg., 2007): Polizeiliche Kriminalstatistik 2006. Bundesrepublik Deutschland, S. 78 (T39).

Tabelle 4a: Entwicklung tatverdächtiger Erwachsener (ab 21 Jahre)

Jahr	tatverdächtige Erwachsene									
	insgesamt	Veränderung in %	Anteil an allen TV in %	**deutsche**	Veränderung in %	Anteil an allen dt.TV in %	**nicht-deutsche**	Veränderung in %	Anteil in % an Sp. 2	Anteil an allen NDTV in %
1	2	3	4	5	6	7	8	9	10	11
1985	933 135	5,8	72,3	766 667	4,2	72,4	166 468	14,0	17,8	71,8
1990	1 084 356	3,4	75,4	811 389	1,1	77,0	272 967	10,7	25,2	71,2
1991	1 111 552	-	75,8	821 053	-	77,4	290 499	-	26,1	71,6
1992	1 200 858	8,0	75,9	829 629	1,0	77,4	371 229	27,8	30,9	72,9
1993	1 547 515	-	75,4	1 024 198	-	75,2	523 317	-	33,8	75,9
1994	1 517 664	-1,9	74,5	1 050 707	2,6	73,7	466 957	-10,8	30,8	76,2
1995	1 540 020	1,5	72,7	1 083 651	3,1	71,5	456 369	-2,3	29,6	75,6
1996	1 584 876	2,9	71,6	1 111 643	2,6	70,0	473 233	3,7	29,9	75,6
1997	1 610 503	1,6	70,8	1 133 398	2,0	69,1	477 105	0,8	29,6	75,3
1998	1 627 635	1,1	70,2	1 156 452	2,0	68,4	471 183	-1,2	28,9	75,0
1999	1 575 624	-3,2	69,6	1 126 846	-2,6	67,8	448 778	-4,8	28,5	74,6
2000	1 598 485	1,5	69,9	1 154 458	2,5	68,0	444 027	-1,1	27,8	75,4
2001	1 591 871	-0,4	69,8	1 159 979	0,5	67,7	431 892	-2,7	27,1	76,0
2002	1 647 962	3,5	70,8	1 210 560	4,4	68,8	437 402	1,3	26,5	77,2
2003	1 687 439	2,4	71,6	1 258 205	3,9	69,8	429 234	-1,9	25,4	77,5
2004	1 720 877	2,0	72,2	1 297 107	3,1	70,6	423 770	-1,3	24,6	77,5
2005	1 678 100	-2,5	72,5	1 275 876	-1,6	71,1	402 224	-5,1	24,0	77,4
2006	1 662 369	-0,9	72,8	1 267 714	-0,6	71,2	394 655	-1,9	23,7	78,5

Quelle: BKA (Hg., 2007): Polizeiliche Kriminalstatistik 2006. Bundesrepublik Deutschland, S. 80 (T42).

Tabelle 4b: Entwicklung tatverdächtiger Erwachsener (ab 21 Jahre) in einzelnen Deliktsbereichen

Schlüssel	Straftaten(gruppe)	deutsche Erwachsene 2006	deutsche Erwachsene 2005	Veränderung absolut	Veränderung in %	nichtdeutsche Erwachsene 2006	nichtdeutsche Erwachsene 2005	Veränderung absolut	Veränderung in %
----	Straftaten insgesamt	1 267 714	1 275 876	-8 162	-0,6	394 655	402 224	-7 569	-1,9
26	Ladendiebstahl insges.	169 093	182 263	-13 170	-7,2	50 520	56 292	-5 772	-10,3
5200	Veruntreuungen	22 047	25 414	-3 367	-13,2	3 412	4 076	-664	-16,3
7162	Straftaten nach dem Arzneimittelgesetz	1 620	3 438	-1 818	-52,9	271	339	-68	-20,1
6710	Verletzung der Unterhaltspflicht	13 138	14 941	-1 803	-12,1	1 812	2 072	-260	-12,5
7150	Straftaten i.Z.m. Urheberrechtsbestimmungen	10 034	8 822	1 212	13,7	1 214	1 105	109	9,9
6200	Widerstand gg. die Staatsgewalt und Straftaten gg. die öffentl. Ordnung	65 608	63 451	2 157	3,4	13 169	13 555	-386	-2,8
5100	Betrug	303 595	300 141	3 454	1,2	71 651	73 623	-1 972	-2,7
5160	-mittels rechtswidrig erlangter unbarer Zahlungsmittel	8 865	10 210	-1 345	-13,2	3 149	3 647	-498	-13,7
5110	-Waren- und Warenkreditbetrug	100 225	96 259	3 966	4,1	19 045	18 031	1 014	5,6
2200	Körperverletzung insges.	253 454	248 580	4 874	2,0	70 665	70 219	446	0,6
6730	Beleidigung	112 016	107 122	4 894	4,6	20 091	19 314	777	4,0

Quelle: BKA (Hg., 2007): Polizeiliche Kriminalstatistik 2006. Bundesrepublik Deutschland, S. 81 (T43).

Tabelle 5: Entwicklung der Tatverdächtigen insgesamt

Jahr	Tatverdächtige insgesamt						
	insgesamt	Veränderung in %	**deutsche**	Veränderung in %	**nichtdeutsche**	Veränderung in %	Anteil in % an Spalte 2
1	2	3	4	5	6	7	8
1985	1 290 999	2,9	1 059 131	1,2	231 868	11,7	18,0
1990	1 437 923	4,9	1 054 340	1,9	383 583	14,2	26,7
1991	1 466 752	-	1 061 207	-	405 545	-	27,6
1992	1 581 734	7,8	1 072 429	1,1	509 305	25,6	32,2
1993	2 051 775	-	1 361 855	-	689 920	-	33,6
1994	2 037 729	-0,7	1 424 738	4,6	612 991	-11,2	30,1
1995	2 118 104	3,9	1 514 602	6,3	603 502	-1,5	28,5
1996	2 213 293	4,5	1 587 708	4,8	625 585	3,7	28,3
1997	2 273 560	2,7	1 640 080	3,3	633 480	1,3	27,9
1998	2 319 895	2,0	1 691 418	3,1	628 477	-0,8	27,1
1999	2 263 140	-2,4	1 661 919	-1,7	601 221	-4,3	26,6
2000	2 286 372	1,0	1 697 263	2,1	589 109	-2,0	25,8
2001	2 280 611	-0,3	1 712 227	0,9	568 384	-3,5	24,9
2002	2 326 149	2,0	1 759 231	2,7	566 918	-0,3	24,4
2003	2 355 161	1,2	1 801 411	2,4	553 750	-2,3	23,5
2004	2 384 268	1,2	1 837 283	2,0	546 985	-1,2	22,9
2005	2 313 136	-3,0	1 793 563	-2,4	519 573	-5,0	22,5
2006	2 283 127	-1,3	1 780 091	-0,8	503 037	-3,2	22,0

Hinweis: Die 2006 bestehende Differenz aus Spalte "3" minus den Spalten "5", "6" sind programmtechnischer Ursache.

Quelle: BKA (Hg., 2007): Polizeiliche Kriminalstatistik 2006. Bundesrepublik Deutschland, S. 82 (T44).

Tabelle 6: Nichtdeutsche Tatverdächtige und ihre Anteile an den Tatverdächtigen insgesamt der jeweiligen Altersklasse

Land	Nichtdeutsche Tatverdächtige									
	insgesamt		Kinder		Jugendliche		Heranwachsende		Erwachsene	
	Anzahl	in %	Anzahl	in %	Anzahl	in %	Anzahl	in %	Anzahl	in %
Baden-Württemberg	75 904	30,6	3 005	24,1	7 745	24,3	7 019	27,2	58135	32,6
Bayern	83 051	27,0	2 477	19,3	6 290	18,3	7 194	22,8	67090	29,3
Berlin	41 840	30,9	1 455	26,3	4 267	28,8	3 839	30,1	32279	31,5
Brandenburg	12 590	14,8	101	3,7	635	5,7	1 143	11,2	10711	17,6
Bremen	6 461	26,0	216	20,5	715	22,9	652	24,3	4878	27,1
Hamburg	22 380	29,9	791	25,4	2 057	25,8	2 051	27,8	17481	31,0
Hessen	51 889	33,3	1 398	24,6	4 117	25,1	4 103	29,4	42271	35,3
Mecklenburg-Vorp.	3 602	6,6	92	4,3	230	3,0	309	4,2	2971	8,0
Niedersachsen	36 669	15,6	1 618	13,3	3 818	12,4	3 594	14,2	27639	16,6
Nordrhein-Westfalen	105 070	22,4	4 533	19,4	10 870	17,8	9 642	19,3	80025	23,9
Rheinland-Pfalz	21 612	18,3	889	16,8	1 983	14,4	1 858	15,6	16882	19,3
Saarland	6 558	20,3	202	17,3	567	17,3	583	19,2	5206	21,0
Sachsen	15 036	12,8	250	6,6	829	6,1	1 188	8,6	12769	14,8
Sachsen-Anhalt	5 931	7,2	133	4,1	366	3,7	605	6,4	4827	8,1
Schleswig-Holstein	10 858	13,6	329	8,9	1 021	9,3	1 017	11,7	8491	15,1
Thüringen	3 586	5,7	67	3,0	201	2,6	318	4,1	3000	6,7
Bundesgebiet insges.	503 037	22,0	17 556	17,5	45 711	16,4	45 115	18,7	394 655	23,7

Quelle: BKA (Hg., 2007): Polizeiliche Kriminalstatistik 2006. Bundesrepublik Deutschland, S. 83 (T46).

Tabelle 7: Alters- und Geschlechtsstruktur der deutschen und nichtdeutschen Tatverdächtigen im Vergleich

Altersgruppe und Geschlecht	deutsche Tatverdächtige insgesamt	Veränderung z. Vorjahr in %	Verteilung in %	nichtdeutsche Tatverdächtige insgesamt	Veränderung z. Vorjahr in %	Verteilung in %
Kinder (bis unter 14)	**82 931**	**-1,2**	**4,7**	**17 556**	**-8,3**	**3,5**
männlich	58 622	-1,0	3,3	13 105	-6,3	2,6
weiblich	24 309	-1,9	1,4	4 451	-13,9	0,9
Jugendliche (14 bis unter 18)	**232 736**	**-1,4**	**13,1**	**45 711**	**-5,6**	**9,1**
männlich	167 421	-2,5	9,4	34 378	-6,6	6,8
weiblich	65 315	1,5	3,7	11 333	-2,3	2,3
Heranwachsende (18 bis unter 21)	**196 710**	**-0,5**	**11,1**	**45 115**	**-9,4**	**9,0**
männlich	155 691	-0,7	8,7	35 937	-10,7	7,1
weiblich	41 019	0,5	2,3	9 178	-3,8	1,8
Erwachsene (21 und älter)	**1 267 714**	**-0,6**	**71,2**	**394 655**	**-1,9**	**78,5**
männlich	961 770	-0,9	54,0	306 155	-2,8	60,9
weiblich	305 944	0,2	17,2	88 500	1,6	17,6
darunter:						
Jungerwachsene (21 bis unter 25)	**209 596**	**-1,4**	**11,8**	**65 875**	**-8,8**	**13,1**
männlich	165 493	-1,5	9,3	52 147	-9,4	10,4
weiblich	44 103	-1,1	2,5	13 728	-6,5	2,7
Tatverdächtige insgesamt	**1 780 091**	**-0,8**	**100,0**	**503 037**	**-3,2**	**100,0**
männlich	1 343 504	-1,1	75,5	389 575	-4,1	77,4
weiblich	436 587	0,3	24,5	113 462	0,0	22,6

Hinweis: Bei den männlichen deutschen Tatverdächtigen kam es zu einer Überzählung von einem Tatverdächtigen.

Quelle: BKA (Hg., 2007): Polizeiliche Kriminalstatistik 2006. Bundesrepublik Deutschland, S. 73 (T33).

Tabelle 8: Anteil nichtdeutscher Tatverdächtiger an der jeweiligen Gesamtzahl der Tatverdächtigen bei den Straftaten(gruppen)

Schlüssel	Straftaten(gruppen)*)	Tatverdächtige insgesamt			Nichtdeutsche Tatverdächtige					
		insges.	männlich	weiblich	insgesamt		männlich		weiblich	
		(100%)	(100%)	100%)	Anzahl	in % an Sp3	Anzahl	in % an Sp4	Anzahl	in % an Sp5
1	2	3	4	5	6	7	8	9	10	11
0100+ 0200	Mord und Totschlag	2 831	2 455	376	793	28,0	743	30,3	50	13,3
1110	Vergewaltigung und sexuelle Nötigung §§ 177 Abs. 2, 3 und 4, 178 StGB	6 979	6 894	85	2 068	29,6	2 046	29,7	22	25,9
2100	Raubdelikte	35 850	32 506	3 344	10 373	28,9	9 665	29,7	708	21,2
2220	Gefährliche und schwere Körperverl.	168 107	144 976	23 131	40 291	24,0	35 368	24,4	4 923	21,3
2240	(Vorsätzliche leichte) Körperverletzung	304 726	256 236	48 490	60 882	20,0	51 855	20,2	9 027	18,6
2300	Straftaten gegen die persönliche Freiheit	145 227	126 055	19 172	30 927	21,3	27 205	21,6	3 722	19,4
3***	Diebstahl ohne erschwerende Umstände	511 860	340 668	171 192	102 265	20,0	68 154	20,0	34 111	19,9
4***	Diebstahl unter erschwerenden Umständen	115 650	104 669	10 981	25 852	22,4	23 591	22,5	2 261	20,6
5100	Betrug	458 726	320 317	138 409	87 871	19,2	66 200	20,7	21 671	15,7
5200	Veruntreuungen	26 328	19 722	6 606	3 538	13,4	2 767	14,0	771	11,7
5300	Unterschlagung	61 819	46 214	15 605	9 586	15,5	7 956	17,2	1 630	10,4
5400	Urkundenfälschung	49 269	38 913	10 356	20 132	40,9	16 579	42,6	3 553	34,3
6200	Widerstand gegen die Staatsgewalt und Straftaten gegen die öffentliche Ordnung	114 977	94 457	20 520	18 059	15,7	15 390	16,3	2 669	13,0
6300	Begünstigung, Strafvereitelung (ohne Strafvereitelung im Amt), Hehlerei und Geldwäsche	27 824	22 781	5 043	8 185	29,4	7 250	31,8	935	18,5
6400	Brandstiftung und Herbeiführen einer Brandgefahr	13 028	10 364	2 664	1 321	10,1	1 020	9,8	301	11,3
6500	Wettbewerbs-, Korruptions- und Amtsdelikte	5 502	4 655	847	349	6,3	285	6,1	64	7,6
6710	Verletzung der Unterhaltspflicht	15 059	14 467	592	1 821	12,1	1 783	12,3	38	6,4
6730	Beleidigung	164 574	121 241	43 333	24 869	15,1	19 030	15,7	5 839	13,5
6740	Sachbeschädigung	180 478	159 644	20 834	20 748	11,5	18 619	11,7	2 129	10,2
6760	Straftaten gegen die Umwelt (StGB)	11 911	10 549	1 362	1 518	12,7	1 397	13,2	121	8,9
7100	Straftaten gegen strafrechtliche Nebengesetze auf dem Wirtschaftssektor	32 603	26 450	6 153	4 806	14,7	3 989	15,1	817	13,3
7250	Straftaten gegen das Aufenthalts-, das Asylverfahrens- und das Freizügigkeitsgesetz/EU	92 633	65 375	27 258	88 040	95,0	62 613	95,8	25 427	93,3
7260	Straftaten gegen das SprengstoffG, das WaffenG und gegen das Kriegswaffenkontrollgesetz	38 938	36 520	2 418	8 353	21,5	7 757	21,2	596	24,6
7300	Rauschgiftdelikte (BtMG)	209 625	185 561	24 064	42 072	20,1	39 285	21,2	2 787	11,6
----	**Straftaten insgesamt**	2 283 127	1 733 078	550 049	503 037	22,0	389 575	22,5	113 462	20,6

*) Die Auflistung ist nicht vollständig. Die Tatverdächtigen bei den einzelnen Schlüsseln lassen sich auch wegen der Erfassungsregeln nicht zur Gesamtzahl aufaddieren (siehe Seite 19). Die ausführlichen Daten enthält die Tabelle 01 bzw. 61.

Quelle: BKA (Hg., 2007): Polizeiliche Kriminalstatistik 2006. Bundesrepublik Deutschland, S. 108 (T67-neu).

Tabelle 9: Verteilung einzelner Gruppen nichtdeutscher Tatverdächtiger auf die von ihnen begangenen Straftaten

Schlüssel	Straftaten(gruppen)*)	Nichtdeutsche Tatverdächtige in Prozent					
		illegal	legal, darunter: Arbeitnehmer	Student/ Schüler	Tourist/Durchreisender	Asylbewerber	Sonstige **)
0100+ 0200	Mord und Totschlag	0,1	0,2	0,1	0,1	0,3	0,2
1110	Vergewaltigung und sexuelle Nötigung §§ 177 Abs. 2, 3 und 4, 178 StGB	0,1	0,6	0,4	0,1	0,5	0,4
2100	Raubdelikte	0,5	1,4	5,0	1,0	2,5	2,5
2220	Gefährliche und schwere Körperverletzung	0,7	11,0	16,6	1,9	8,2	8,6
2240	(Vorsätzliche leichte) Körperverletzung	0,9	20,3	15,1	2,7	10,7	13,6
2300	Straftaten gegen die persönliche Freiheit	0,7	10,5	4,2	1,3	5,9	7,2
3***	Diebstahl ohne erschwerende Umstände	3,1	14,7	36,3	32,6	26,8	22,5
4***	Diebstahl unter erschwerenden Umständen	2,1	3,0	7,2	8,6	6,0	6,0
5100	Betrug	4,8	17,8	13,2	12,0	16,5	22,7
5200	Veruntreuungen	0,1	0,8	0,1	0,1	0,3	0,6
5300	Unterschlagung	0,3	2,7	1,6	0,7	1,2	2,3
5400	Urkundenfälschung	7,3	2,5	1,8	5,7	5,9	3,4
6200	Widerstand gegen die Staatsgewalt und Straftaten gegen die öffentliche Ordnung	0,7	3,6	4,3	2,7	4,2	4,5
6300	Begünstigung, Strafvereitelung (ohne Strafvereitelung im Amt), Hehlerei und Geldwäsche	0,3	1,6	1,6	2,3	1,4	1,9
6400	Brandstiftung und Herbeiführen einer Brandgefahr	0,0	0,4	0,5	0,1	0,2	0,3
6500	Wettbewerbs-, Korruptions- und Amtsdelikte	0,0	0,1	0,0	0,0	0,0	0,1
6710	Verletzung der Unterhaltspflicht	0,0	0,9	0,0	0,0	0,1	0,4
6730	Beleidigung	0,3	8,0	4,9	1,1	3,8	6,0
6740	Sachbeschädigung	0,4	4,1	10,0	2,0	3,3	4,7
6760	Straftaten gegen die Umwelt (StGB)	0,0	0,5	0,1	0,2	0,1	0,3
7100	Straftaten gegen strafrechtliche Nebengesetze auf dem Wirtschaftssektor	0,1	1,0	0,3	0,8	0,4	0,8
7250	Straftaten gegen das Aufenthalts-, das Asylverfahrens- und das FreizügigkeitsG/EU	88,2	2,1	0,9	5,7	24,4	7,4
7260	Straftaten gegen das SpengstoffG, das WaffenG und gegen das KriegswaffenkontrollG	0,2	1,6	1,7	4,7	0,7	1,8
7300	Rauschgiftdelikte (BtMG)	2,3	8,3	4,5	17,1	8,4	9,6
----	**Straftaten insgesamt**	100,0	100,0	100,0	100,0	100,0	100,0
	N	64 605	86 518	40 231	39 740	42 522	211 065

*) Die Auflistung ist nicht vollständig. Die Tatverdächtigen bei den einzelnen Schlüsseln lassen sich auch wegen der Erfassungsregeln nicht zur Gesamtzahl aufaddieren (siehe Seite 19). Die ausführlichen Daten enthält die Tabelle 61.

**) Die „Sonstigen" umfassen eine heterogen zusammengesetzte Restgruppe, zu der z.B. Erwerbslose, nicht anerkannte Asylbewerber mit Duldung, Flüchtlinge und Besucher gehören.

Quelle: BKA (Hg., 2007): Polizeiliche Kriminalstatistik 2006. Bundesrepublik Deutschland, S. 119 (T79).

Tabelle 10: Nichtdeutsche Tatverdächtige nach Staatsangehörigkeit. Delikte: Mord, Totschlag und Tötung auf Verlangen

Schlüssel	Straftaten(gruppen)	nichtdeutsche Tatverdächtige	Staatsangehörigkeit in %								
			Türkei	Serbien und Montenegro	Polen	Italien	Russische Föderation	Irak	Vietnam	Griechenland	Libanon
0100	Mord	235	35,3	6,0	6,4	5,5	4,7	0,4	1,7	2,6	0,4
0200	Totschlag, Tötung auf Verlangen	558	30,6	9,9	6,3	4,3	4,7	3,6	3,0	1,6	2,5

Quelle: BKA (Hg., 2007): Polizeiliche Kriminalstatistik 2006. Bundesrepublik Deutschland, S. 130 (T95).

Tabelle 11: Nichtdeutsche Tatverdächtige nach Staatsangehörigkeit. Raubdelikte

Schlüssel	Straftaten(gruppen)	nichtdeutsche Tatverdächtige	Staatsangehörigkeit in %							
			Türkei	Serbien und Montenegro	Polen	Libanon	Italien	Russische Föderation	Marokko	Irak
2100	Raubdelikte (§§ 249-252, 255, 316a StGB)	10 373	30,7	10,6	6,4	3,6	3,2	2,9	2,6	2,5
	darunter:									
2120	Raubüberfälle auf sonstige Zahlstellen und Geschäfte	721	36,6	7,6	7,6	4,2	3,3	4,2	1,8	1,4
2160	Handtaschenraub	342	32,2	11,1	3,8	4,7	4,1	0,9	3,2	3,2
2170	sonstige Raubüberfälle auf Straßen, Wegen oder Plätzen	4 297	35,4	11,3	5,1	3,9	2,9	2,1	3,3	2,9
2190	Raubüberfälle in Wohnungen	775	29,3	9,3	11,0	3,0	3,7	1,7	2,1	2,5

Quelle: BKA (Hg., 2007): Polizeiliche Kriminalstatistik 2006. Bundesrepublik Deutschland, S. 142 (T112).

Tabelle 12: Nichtdeutsche Tatverdächtige nach dem Aufenthaltsgrund. Gewaltkriminalität

Schlüssel	Straftaten(gruppen)	Tatverdächtige insgesamt	nichtdeutsche Anzahl	nichtdeutsche in %	Aufenthaltsgrund nichtdeutscher Tatverdächtiger: illegal	legal: Stat.-streitkräfte	legal: Tourist/ Durchreisender	legal: Student/ Schüler	legal: Arbeitnehmer	legal: Gewerbetreibender	legal: Asylbewerber	legal: Sonstige
					%-Anteil an den nichtdeutschen TV							
8920	Gewaltkriminalität	206 632	51 309	24,8	1,7	1,0	2,3	16,2	21,8	2,2	9,2	45,6
	darunter:											
0100	Mord	934	235	25,2	3,8	0,4	5,1	1,7	19,1	3,4	10,6	55,7
0200	Totschlag, Tötung auf Verlangen	1 897	558	29,4	5,2	0,5	2,0	4,3	21,7	3,0	15,4	47,8
1110	Vergewaltigung und sexuelle Nötigung §§ 177 Abs. 2, 3 und 4, 178 StGB	6 979	2 068	29,6	2,3	1,7	2,0	8,3	27,1	3,6	10,8	44,1
2100	Raubdelikte	35 850	10 373	28,9	3,3	0,4	3,9	19,3	11,4	1,0	10,4	50,2
2210	Körperverletzung mit Todesfolge	183	25	13,7	0,0	4,0	0,0	0,0	28,0	4,0	20,0	44,0
2220	gefährliche und schwere Körperverletzung	168 107	40 291	24,0	1,2	1,0	1,8	16,6	23,6	2,3	8,6	44,8
2330	erpresserischer Menschenraub	185	92	49,7	3,3	0,0	3,3	0,0	16,3	3,3	16,3	57,6
2340	Geiselnahme	82	31	37,8	6,5	0,0	0,0	6,5	19,4	3,2	9,7	54,8

Quelle: BKA (Hg., 2007): Polizeiliche Kriminalstatistik 2006. Bundesrepublik Deutschland, S. 229 (T222).

Tabelle 13: Nichtdeutsche Tatverdächtige nach Staatsangehörigkeit. Gewaltkriminalität

Schlüssel	Straftaten(gruppen)	nichtdeutsche Tatverdächtige	Staatsangehörigkeit in %: Türkei	Serbien und Montenegro	Italien	Polen	Libanon	Irak	Jugoslawien - Altfälle-	Russische Föderation
8920	Gewaltkriminalität	51 309	34,8	7,4	4,7	4,5	2,9	2,7	2,5	2,0

Quelle: BKA (Hg., 2007): Polizeiliche Kriminalstatistik 2006. Bundesrepublik Deutschland, S. 229 (T223).

Tabelle 14: Nichtdeutsche Tatverdächtige nach dem Aufenthaltsgrund in Deutschland. Rauschgiftkriminalität

Schlüssel	Straftaten(gruppen)	Tatverdächtige			Aufenthaltsgrund nichtdeutscher Tatverdächtiger							
		insgesamt	nichtdeutsche			legal						
			Anzahl	in %	illegal	Stat.-streitkräfte	Tourist/Durchreisender	Student/Schüler	Arbeitnehmer	Gewerbetreibender	Asylbewerber	Sonstige
					%-Anteil an den nichtdeutschen TV							
7300	Rauschgiftdelikte	209 625	42 072	20,1	3,5	1,1	16,1	4,3	17,1	1,1	8,5	48,3
	darunter:											
7310	allgemeine Verstöße nach § 29 BtMG	152 071	26 261	17,3	1,7	1,4	13,7	5,2	18,5	1,1	6,7	51,7
	darunter: *mit*											
7311	Heroin	16 934	3 058	18,1	1,9	0,4	4,1	0,9	15,8	0,3	9,8	66,9
7312	Kokain	11 320	3 034	26,8	2,7	0,6	8,5	1,4	20,8	2,1	8,5	55,5
7320	illegaler Handel mit und Schmuggel von Rauschgiften nach § 29 BtMG	54 483	14 170	26,0	6,1	0,6	17,6	3,3	14,8	1,0	12,7	43,8
	davon: *mit/von*											
7321	Heroin	6 880	2 211	32,1	6,9	0,1	3,9	0,6	12,3	0,9	23,0	52,1
7322	Kokain	5 173	2 496	48,3	5,6	0,3	5,0	0,9	12,3	2,0	25,2	48,7
7330	illegale Einfuhr von BtM nach § 30 Abs. 1 Nr. 4 BtMG (in nicht geringer Menge)	4 390	1 820	41,5	5,5	0,4	35,4	1,4	11,0	1,5	2,8	42,0
	davon: *von*											
7331	Heroin	879	221	25,1	1,8	0,0	15,8	0,9	19,9	1,8	5,4	54,3
7332	Kokain	683	437	64,0	6,2	0,0	43,2	0,2	9,6	1,6	4,1	35,0

Quelle: BKA (Hg., 2007): Polizeiliche Kriminalstatistik 2006. Bundesrepublik Deutschland, S. 221 (T213).

Literaturverzeichnis

Albrecht, Günter/Howe, Carl-Werner (1992): Soziale Schicht und Delinquenz: verwischte Spuren oder falsche Fährte?, in: KZfSS, Jg. 44, H. 4. S. 697-730.

Albrecht, Hans-Jörg (2001): Migration und Kriminalität, in: Jehle, Jörg-Martin (Hg.): Raum und Kriminalität. Sicherheit der Stadt. Migrationsprobleme. Mönchengladbach: Forum Verlag Godesberg GmbH. S. 195-210.

Albrecht, Peter-Alexis (2005): Kriminologie. Eine Grundlegung zum Strafrecht. München: Verlag C.H. Beck.

Baier, Dirk/Pfeiffer, Christian (2007): Gewalttätigkeit bei deutschen und nichtdeutschen Jugendlichen. Befunde der Schülerbefragung 2005 und Folgerungen für die Prävention. Hannover: Forschungsreihe/KFN.

Bayerisches Landeskriminalamt (Hg., 2008): Junge Menschen als Tatverdächtige und Opfer von Straftaten. Auswertungen der Polizeilichen Kriminalstatistik für den Freistaat Bayern. Berichtsjahr 2007. München: Bayerisches Landeskriminalamt.

Beck-Gernsheim, Elisabeth (2004): Wir und die Anderen. Vom Blick der Deutschen auf Migranten und Minderheiten. Frankfurt am Main: Suhrkamp.

Blankenburg, Erhard (1969): Die Selektivität rechtlicher Sanktionen: eine empirische Untersuchung von Ladendiebstählen, in: KZfSS, Jg. 21, H. 4. S. 805-829.

Bock, Michael (2007): Kriminologie. München: Vahlen.

Boers, Klaus/Eisner, Manuel/Pfeiffer, Christian (1999): Jugendkriminalität als Folge sozialer Unterprivilegierung? Ein kriminologisches und kriminalpolitisches Gespräch der Redaktionsmitglieder Klaus Boers und Manuel Eisner mit dem Leider des KFN Christian Pfeiffer, in: Neue Kriminalpolitik, Jg. 11, Nr. 1. S. 10-15.

Boers, Klaus/Walburg, Christian/Reinecke, Jost (2006): Jugendkriminalität – Keine Zunahme im Dunkelfeld, kaum Unterschiede zwischen Einheimischen und Migranten: Befunde aus Duisburger und Münsteraner Längsschnittstudien, in: MschrKrim, Jg. 89, Nr. 2. S. 63-87.

Brüchert, Oliver (2000): Die Ausländerkriminalität sinkt nicht! Der Zusammenhang von Kriminalstatistik und Rassismus, in: Bürgerrechte und Polizei/CILIP, Jg. 65, H. 1. S. 21-28.

Brüchert, Oliver (2004): Es gibt keine Kriminalstatistik, nur eine Anzeigenstatistik...und das ist auch gut so!, in: Hanak, Gerhard/Pilgram, Arno (Hg.): Jahrbuch für Rechts- und Kriminalsoziologie '03. Phänomen Strafanzeige. Baden-Baden: Nomos. S. 87-106.

Bundesamt für Migration und Flüchtlinge (Hg., 2005): Illegalität von Migranten in Deutschland. Zusammenfassung des Forschungsstandes. Working Papers 02/2005.

Bukow, Wolf-Dietrich (2008): Kriminalisierung als gouvernementales Instrument von Einwanderungspolitik, in: Sessar, Klaus (Hg.): Herrschaft und Verbrechen. Kontrolle der Gesellschaft durch Kriminalisierung und Exklusion. Berlin u.a.: LIT. S. 137-179.

Bundeskriminalamt (Hg., 2005): Polizeiliche Kriminalstatistik 2004. Bundesrepublik Deutschland. Wiesbaden.

Bundeskriminalamt (Hg., 2006): Polizeiliche Kriminalstatistik 2005. Bundesrepublik Deutschland. Wiesbaden.

Bundeskriminalamt (Hg., 2007): Polizeiliche Kriminalstatistik 2006. Bundesrepublik Deutschland. Wiesbaden.

Bundesministerium des Innern (Hg., 2007): Migrationsbericht des Bundesamtes für Migration und Flüchtlinge im Auftrag der Bundesregierung.

Bundesministerium des Innern (Hg., 2008): Migration und Integration. Aufenthaltsrecht, Migrations- und Integrationspolitik in Deutschland.

Bundesministerium des Innern/Bundesministerium der Justiz (2001): Erster periodischer Sicherheitsbericht. Kurzfassung. Berlin.

Bundesministerium des Innern/Bundesministerium der Justiz (2006): Zweiter periodischer Sicherheitsbericht. Berlin.

Cyrus, Norbert (2004): Aufenthaltsrechtliche Illegalität in Deutschland. Sozialstrukturbildung – Wechselwirkung – Politische Optionen. Bericht für den Sachverständigenrat für Zuwanderung und Integration. Oldenburg.

Dörmann, Uwe (2004): Zahlen sprechen nicht für sich: Aufsätze zu Kriminalstatistik, Dunkelfeld und Sicherheitsgefühl aus drei Jahrzehnten. Neuwied u.a.: Luchterhand.

Durkheim, Emile (1979): Kriminalität als normales Phänomen, in: Sack, Fritz/König, René (Hg.): Kriminalsoziologie. Wiesbaden: Akademische Verlagsgesellschaft. S. 3-8.

Eisenberg, Ulrich (2005): Kriminologie. München: Verlag C.H. Beck.

Fairchild, Henry Pratt (1925): Immigration: A world movement and its American Significances. New York: Macmillan.

Feest, Johannes/Blankenburg, Erhard (1972): Die Definitionsmacht der Polizei. Opladen: Westdeutscher Verlag.

Franzke, Bettina (1993): Polizei und Ausländer, in: Kriminalistik, Jg. 47. S. 615-619.

Geis, Martin (2005): Migration in Deutschland. Interregionale Migrationsmotivatoren. Wiesbaden: Deutscher Universitätsverlag.

Geißler, Rainer (1995): Das gefährliche Gerücht von der hohen Ausländerkriminalität, in: Aus Politik und Zeitgeschichte, B 35. S. 30-39.

Geißler, Rainer (2003): Gesetzestreue Arbeitsmigranten. Ein Kommentar zu Jürgen Mansel und Günter Albrecht: Die Ethnie des Täters als ein Prädiktor für das Anzeigeverhalten von Opfern und Zeugen, in: Soziale Welt, Jg. 54, H. 3. S. 373-381.

Geißler, Rainer (2006): Die Sozialstruktur Deutschlands. Zur gesellschaftlichen Entwicklung mit einer Bilanz zur Vereinigung. Wiesbaden: VS Verlag für Sozialwissenschaften.

Geißler, Rainer/Marißen, Norbert (1990): Kriminalität und Kriminalisierung junger Ausländer. Die tickende soziale Zeitbombe – ein Artefakt der Kriminalstatistik, in: KZfSS, Jg. 42, H. 4. S. 663-687.

Göppinger, Hans (1976): Kriminologie. München: Verlag C.H. Beck.

Grundies, Volker (2000): Kriminalitätsbelastung junger Aussiedler: ein Längsschnittvergleich mit in Deutschland geborenen jungen Menschen anhand polizeilicher Registrierungen, in: MschrKrim, Jg. 83, Nr. 5. S. 290-305.

Han, Petrus (2005): Soziologie der Migration. Stuttgart: Lucius & Lucius.

Heinz, Wolfgang (2006): Zum Stand der Dunkelfeldforschung in Deutschland, in: Obergfell-Fuchs, Joachim/Brandenstein, Martin (Hg.): Nationale und internationale Entwicklungen in der Kriminologie: Festschrift für Helmut Kury zum 65. Geburtstag. Frankfurt am Main: Verlag für Polizeiwissenschaften. S. 241-263.

Hermann, Dieter/Weninger, Wolfgang (1999): Das Dunkelfeld in Dunkelfelduntersuchungen. Über die Messung selbstberichteter Delinquenz, in: KZfSS, Jg. 51, H. 4. S 759-766.

Herz, Ruth (1999): Die Kategorie Ausländer. Bedarfsforschung für die Kriminalpolitik?, in: Neue Kriminalpolitik, Jg. 11, Nr. 4. S. 20-23.

Hillmann, Karl-Heinz (2007): Wörterbuch der Soziologie. Stuttgart: Kröner.

Hoffmann-Nowotny, Hans-Joachim (1970): Migration. Ein Beitrag zu einer soziologischen Erklärung. Stuttgart: Enke.

Hoffmann-Nowotny, Hans-Joachim (1987): Gastarbeiterwanderungen und soziale Spannungen, in: Reimann, Helga (Hg.): Gastarbeiter. Analysen und Perspektiven eines sozialen Problems. Opladen: Westdeutscher Verlag. S. 46-66.

Hoffmann-Nowotny, Hans-Joachim (1988): Paradigmen und Paradigmenwechsel in der sozialwissenschaftlichen Wanderungsforschung. Versuch einer Skizze einer neuen Migrationstheorie, in: Jaritz, Gerhard/Müller, Albert: Migration in der Feudalgesellschaft. Frankfurt, New York: Campus Verlag. S. 21-42.

Hoffmann-Nowotny, Hans-Joachim (1991): Weltbevölkerung und Weltmigration. Eine zukunftsorientierte Analyse, in: Knabe, Bernd (Hg.): Das Flüchtlingsproblem – eine Zeitbombe? Chur u.a.: Rüegger.

Hoffmann-Nowotny, Hans-Joachim (1994): Migrationssoziologie, in: Kerber, Harald/Schmieder, Arnold: Spezielle Soziologien. Hamburg: rowohlt Taschenbuch Verlag GmbH. S. 388-406.

Hoffmann-Nowotny, Hans-Joachim (1997): World Society and the future of international migration: a theoretical perspective, in: Uçarer, Emek M./Puchala, Donald J. (Hg.): Immigration into Western Societies. Problems and Policies. London: Pinter. S. 95-117.

Hradil, Stefan (2001): Soziale Ungleichheit in Deutschland. Opladen: Leske+Budrich.

Jaschke, Hans-Gerd (1997): Öffentliche Sicherheit im Kulturkonflikt. Zur Entwicklung der städtischen Schutzpolizei in der multikulturellen Gesellschaft. Frankfurt/New York: Campus.

Jung, Heike (2005): Kriminalsoziologie. Baden-Baden: Nomos.

Kalter, Frank (2003): Stand und Perspektiven der Migrationssoziologie, in: Orth, Barbara/Schwietring, Thomas/Weiß, Johannes (Hg.): Soziologische Forschung: Stand und Perspektiven. Ein Handbuch. Opladen: Leske+Budrich. S. 323-337.

Keckeisen, Wolfgang (1976): Die gesellschaftliche Definition abweichenden Verhaltens. Perspektiven und Grenzen des labeling approach. München: Juventa Verlag.

Kerner, Hans-Jürgen/Huber, Christoph/Reich, Kerstin (2001): Wenn aus Spaß Ernst wird: Untersuchung zum Freizeitverhalten und den sozialen Beziehungen jugendlicher Spätaussiedler, in: DVJJ-Journal, Jg. 12, Nr. 4. S. 370-379.

Kerner, Hans-Jürgen (Hg., 1991): Kriminologie. Lexikon. Heidelberg: Kriminalistik Verlag.

Kilchling, Michael (1995): Opferinteressen und Strafverfolgung. Freiburg i.Br.: Ed. Iuscrim.

Kilias, Martin (1988): Diskriminierendes Anzeigeverhalten von Opfern gegenüber Ausländern?, in: MschrKrim, Jg. 71, Nr. 3. S. 156-165.

Kleespies, Simone (2006): Kriminalität von Spätaussiedlern. Erscheinungsformen, Ursachen, Prävention. Frankfurt am Main: P. Lang.

Kley, Stefanie (2004): Migration und Sozialstruktur. EU-Bürger, Drittstaater und Eingebürgerte in Deutschland. Saarbrücken: Logos-Verlag.

Kreckel, Reinhard (2004): Politische Soziologie der sozialen Ungleichheit. Frankfurt am Main u.a.: Campus Verlag.

Kubat, Daniel/Hoffmann-Nowotny, Hans-Joachim (1981): Migration: towards a new paradigm, in: International Social Science Journal, Vol. 33, Nr. 2. S. 307-329.

Lüdemann, Christian/Ohlemacher, Thomas (2002): Soziologie der Kriminalität: theoretische und empirische Perspektiven. Weinheim: Juventa-Verlag.

Ludwig-Meyerhofer, Wolfgang/Niemann, Heike (1997): Gleiches (Straf-)Recht für alle? Neue Ergebnisse zur Ungleichbehandlung ausländischer Jugendlicher im Strafrecht der Bundesrepublik, in: Zeitschrift für Soziologie, Jg. 26, H. 1. S. 35-52.

Luff, Johannes (2000): Kriminalität von Aussiedlern. Polizeiliche Registrierungen als Hinweis auf misslungene Integration? München: LKA Bayern.

Mansel, Jürgen (1989): Die Selektion innerhalb der Organe der Strafrechtspflege am Beispiel von jungen Deutschen, Türken und Italienern. Eine empirische Untersuchung zur Kriminalisierung durch formelle Kontrollorgane. Frankfurt am Main: Verlag Peter Lang GmbH.

Mansel, Jürgen (1994): Schweigsame „kriminelle" Ausländer?, in: KZfSS, Jg. 46, H. 2. S. 299-307.

Mansel, Jürgen (2003): Die Selektivität strafrechtlicher Kontrolle. Frauen und Delinquenz im Hell- und Dunkelfeld, als Opfer und Täter, als Anzeigende und Angezeigte, in: Lamnek, Siegfried (Hg.): Geschlecht-Gewalt-Gesellschaft. Opladen: Leske und Budrich, S. 384-406.

Mansel, Jürgen/Albrecht, Günter (2003): Migration und das kriminalpolitische Handeln staatlicher Strafverfolgungsorgane. Ausländer als polizeiliche Tatverdächtige und gerichtlich Abgeurteilte, in: KZfSS, Jg. 55, H. 4. S. 679-715.

Mansel, Jürgen/Albrecht, Günter (2003): Die Ethnie des Täters als ein Prädikator für das Anzeigeverhalten von Opfern und Zeugen, in: Soziale Welt, Jg. 54, H. 3. S. 339-372.

Mansel, Jürgen/Hurrelmann, Klaus (1998): Aggressives und delinquentes Verhalten Jugendlicher im Zeitvergleich. Befunde der ‚Dunkelfeldforschung' aus den Jahren 1988, 1990 und 1996, in: KZfSS, Jg. 50, H. 1. S. 78-109.

Mehlkop, Guido/Becker, Rolf (2004): Soziale Schichtung und Delinquenz. Eine empirische Anwendung eines Rational-Choice-Ansatzes mit Hilfe von Querschnittsdaten des ALLBUS 1990 und 2000, in: KZfSS, Jg. 56, H. 1. S. 95-126.

Merton, Robert K. (1979): Sozialstruktur und Anomie, in: Sack, Fritz/König, René (Hg.): Kriminalsoziologie. Wiesbaden: Akademische Verlagsgesellschaft. S. 41-59.

Münz, Rainer/Seifert, Wolfgang/Ulrich, Ralf (1999): Zuwanderung nach Deutschland: Strukturen, Wirkungen, Perspektiven. Frankfurt am Main: Campus.

Naplava, Thomas (2002): Delinquenz bei einheimischen und immigrierten Jugendlichen im Vergleich. Sekundäranalyse von Schülerbefragungen der Jahre 1995-2000. Arbeitspapiere aus dem Projekt „Soziale Probleme und Jugenddelinquenz im sozialökologischen Kontext" des Max-Planck-Instituts für ausländisches und internationales Strafrecht, Nr. 5. Freiburg i. Br.

Naplava, Thomas (2003): Selbstberichtete Delinquenz einheimischer und immigrierter Jugendlicher im Vergleich: eine Sekundäranalyse von Schulbefragungen der Jahre 1995-2000, in: Soziale Probleme, Jg. 14, H. 1. S. 67-96.

Oswald, Ingrid (2007): Migrationssoziologie. Konstanz: UVK Verl.-Ges.

Peters, Dorothee (1973): Richter im Dienst der Macht. Zur gesellschaftlichen Verteilung der Kriminalität. Stuttgart: Enke.

Petersen, William (1972): Eine allgemeine Typologie der Wanderung, in: Széll, György (Hg.): Regionale Mobilität. München: Nymphenburger Verlagshandlung GmbH. S. 95-14.

Pfeiffer, Christian/Kleimann, Matthias/Petersen, Sven/Schott, Tilman (2005): Migration und Kriminalität. Ein Gutachten für den Zuwanderungsrat der Bundesregierung. Baden-Baden: Nomos Verl.-Ges.

Pilgram, Arno (1993): Mobilität, Migration und Kriminalität – gegen die Vordergründigkeit kriminologischer Studien über Ausländer, in: ders. (Hg.): Jahrbuch für Rechts- und Kriminalsoziologie '93. Grenzöffnung, Migration, Kriminalität. Baden-Baden: Nomos Verl.-Ges. S. 17-35

Ravenstein, Ernest G. (1889): The laws of Migration, in: Journal of the Royal Statistical Society, Vol. 52, Nr. 2. S. 241-305.

Rebmann, Matthias (1998): Ausländerkriminalität in der Bundesrepublik Deutschland: eine Analyse der polizeilich registrierten Kriminalität von 1986 bis 1995. Freiburg i. Br.: Ed. Iuscrim.

Rother, Nina (2006): Migration innerhalb der EU: Wer zieht warum nach Deutschland – und mit welchem Erfolg, in: Swiaczny, Frank/Haug, Sonja (2006): Neue Zuwanderergruppen in Deutschland. Vorträge der 7. Tagung des Arbeitskreises Migration – Integration – Minderheiten der Deutschen Gesellschaft für Demographie (DGD) in Zusammenarbeit mit dem Soziologischen Institut der Universität Erlangen in Erlangen am 25. November 2005. Wiesbaden: Bundesinstitut für Bevölkerungsforschung. S. 41-53.

Sauer, Lenore (2006): Zuwanderung aus den Staaten der GUS nach Deutschland, in: Swiaczny, Frank/Haug, Sonja (2006): Neue Zuwanderergruppen in Deutschland. Vorträge der 7. Tagung des Arbeitskreises Migration – Integration – Minderheiten der Deutschen Gesellschaft für Demographie (DGD) in Zusammenarbeit mit dem Soziologischen Institut der Universität Erlangen in Erlangen am 25. November 2005. Wiesbaden: Bundesinstitut für Bevölkerungsforschung. S. 109-125.

Schöch, Heinz/Gebauer, Michael (1991): Ausländerkriminalität in der Bundesrepublik Deutschland: kriminologische, rechtliche und soziale Aspekte eines gesellschaftlichen Problems. Baden-Baden: Nomos.

Schwind, Hans-Dieter (1995): Die gefährliche Verharmlosung der Ausländerkriminalität, in: Aus Politik und Zeitgeschichte, B 43. S. 32-36.

Schwind, Hans-Dieter (2008): Kriminologie: eine praxisorientierte Einführung mit Beispielen. Heidelberg: Kriminalistik-Verl.

Schwind, Hans-Peter/Fetchenhauer, Detlef/Ahlborn, Wilfried/Weiß, Rüdiger (2001): Kriminalitätsphänomene im Langzeitvergleich am Beispiel einer deutschen Großstadt Bochum 1975 – 1986 – 1998. Neuwied: Luchterhand.

Sellin, Thorsten (1979): Die Bedeutung von Kriminalitätsstatistiken, in: Sack, Fritz/König, René (Hg.): Kriminalsoziologie. Wiesbaden: Akademische Verlagsgesellschaft. S. 41-59.

Sessar, Klaus (1999): Der Begriff der „Ausländerkriminalität" im öffentlichen Diskurs, in: MschrKrim, Jg. 82, Sonderheft Nr. 1. S. S30-S35.

Simmel, Georg (1958): Soziologie. Untersuchungen über die Formen der Vergesellschaftung. Berlin: Duncker&Humblot.

Sjaastad, Larry A. (1962): The Costs and Returns of Human Migration, in: The Journal of Political Economy, Vol. 70, Nr. 5. S. 80-93.

Shaw, Clifford R./McKay, Henry D. (1969): Juvenile Delinquency and Urban Areas: a study of rates of delinquency in relation to differential characteristics of local communities in American cities. Chicago u.a.: The Univ. of Chicago Press.

Statistisches Bundesamt (2006): Strukturdaten zur Migration in Deutschland. 2004. Wiesbaden.

Statistisches Bundesamt (2007): Qualitätsbericht Bevölkerungsfortschreibung. Wiesbaden.

Steffen, Wiebke (2001): Strukturen der Kriminalität der Nichtdeutschen, in: Jehle, Jörg-Martin (Hg.): Raum und Kriminalität. Mönchengladbach: Forum Verlag Godesberg GmbH. S. 231-262.

Strobl, Rainer/Kühnel, Wolfgang (2000): Dazugehörig und ausgegrenzt. Analysen zu Integrationschancen junger Aussiedler. Weinheim: Juventa.

Sutherland, Edwin H. (1940): White-Collar Criminality, in: American Sociological Review, Vol. 5, Nr. 1. S. 1-12.

Swiaczny, Frank/Haug, Sonja (2006): Neue Zuwanderergruppen in Deutschland. Vorträge der 7. Tagung des Arbeitskreises Migration –Integration – Minderheiten der Deutschen Gesellschaft für Demographie (DGD) in Zusammenarbeit mit dem Soziologischen Institut der Universität Erlangen in Erlangen am 25. November 2005. Wiesbaden: Bundesinstitut für Bevölkerungsforschung.

Thomas, William I./Znaniecki, Florian (1918): The Polish Peasant in Europe and America: monograph of an immigrant group. Boston: Gorham.

Treibel, Annette (1999): Migration in modernen Gesellschaften. Soziale Folgen von Einwanderung, Gastarbeit und Flucht. Weinheim, München: Juventa-Verlag.

Truscheit, Karin (2008): Werden junge Ausländer öfter straffällig?, in: FAZ Nr. 6 vom 08.01.08. S. 9.

Villmow, Bernhard (1995): Ausländer in der strafrechtlichen Sozialkontrolle, in: BewHi, Nr 2, Jg. 42. S. 155-169.

Villmow, Bernhard (1999): Ausländer als Täter und Opfer, in: MschrKrim, Jg. 82, Sonderheft Nr. 1. S. 22-29.

Walter, Michael (2001): Migration und damit verbundene Kriminalitätsprobleme, in: Jehle, Jörg-Martin (Hg.): Raum und Kriminalität. Sicherheit der Stadt. Migrationsprobleme. Mönchengladbach: Forum Verlag Godesberg GmbH, S. 211-230.

Walter, Michael/Kubink, Michael (1993): Ausländerkriminalität – Phänomen oder Phantom der (Kriminal)Politik?, in: MschrKrim, Jg. 76, Nr. 5. S. 306-319.

Walter, Michael/Trautmann, Sebastian (2003): Kriminalität junger Migranten – Strafrecht und gesellschaftliche (Des-)Integration, in: Raithel, Jürgen/Mansel, Jürgen (Hg.): Kriminalität und Gewalt im Jugendalter. Hell- und Dunkelfeldbefunde im Vergleich. Weinheim u.a.: Juventa Verlag. S. 64-86.

Internetquellen:
Internetseite des BAMF: www.bamf.de
Internetseite der Bild-Zeitung: www.bild.de
Internetseite des BMI: www.bmi.bund.de
Internetseite des BKA: www.bka.de
Internetseite des Spiegels: www.spiegel.de
Internetseite des Statistischen Bundesamts: www.destatis.org
Internetseite des Sterns: www.stern.de

Zeitfracht Medien GmbH
Ferdinand-Jühlke-Straße 7
99095 Erfurt, Deutschland
produktsicherheit@kolibri360.de